AF473755

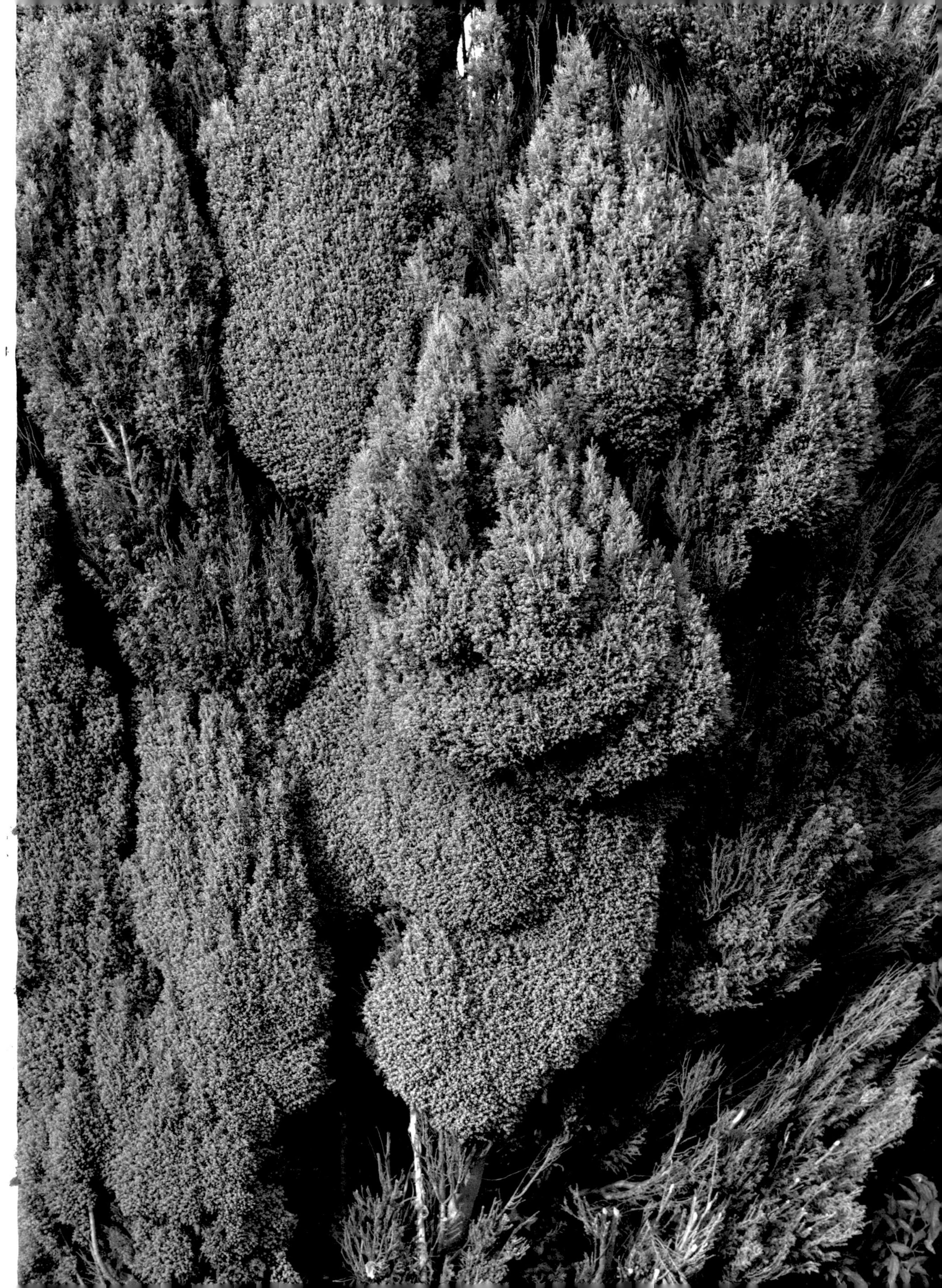

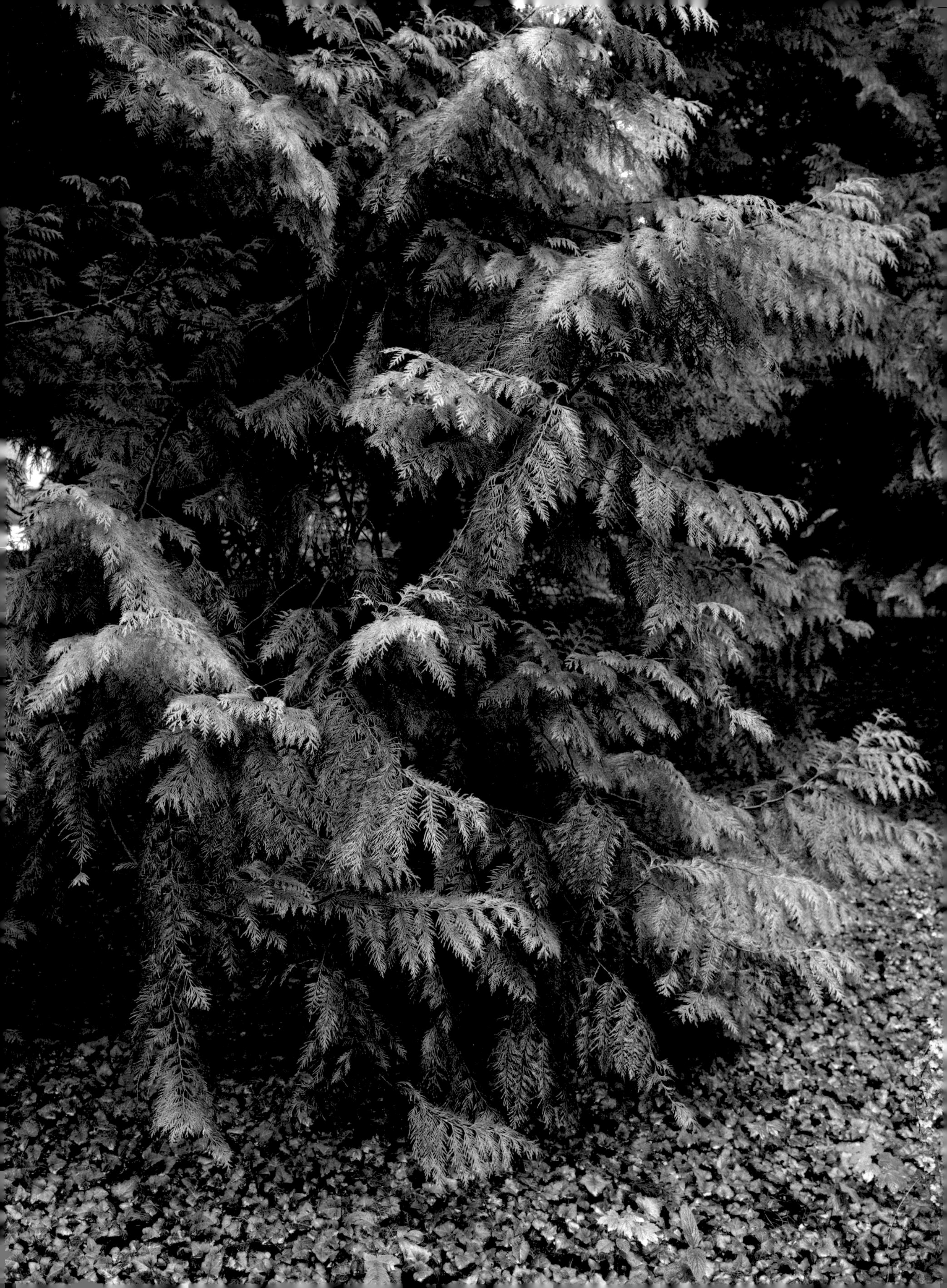

LUDWIGSBURG MUSEUM Hartmann books

Immergrün

LOREDANA NEMES

Astrid und Wolfgang
Barbara und Günter
Berthel und Hans
Elfriede und Uli
Elisabeth und Waldemar
Helga und Siegfried
Ilse und Wolfgang
Liliana und Vasile
Marie-Luise und Winfried
Monique und Gottfried
Roswit und Helmut
Ruth und Manfred
Suse und Heinz
Waltraud und Siegfried
Wilma und Gerhard

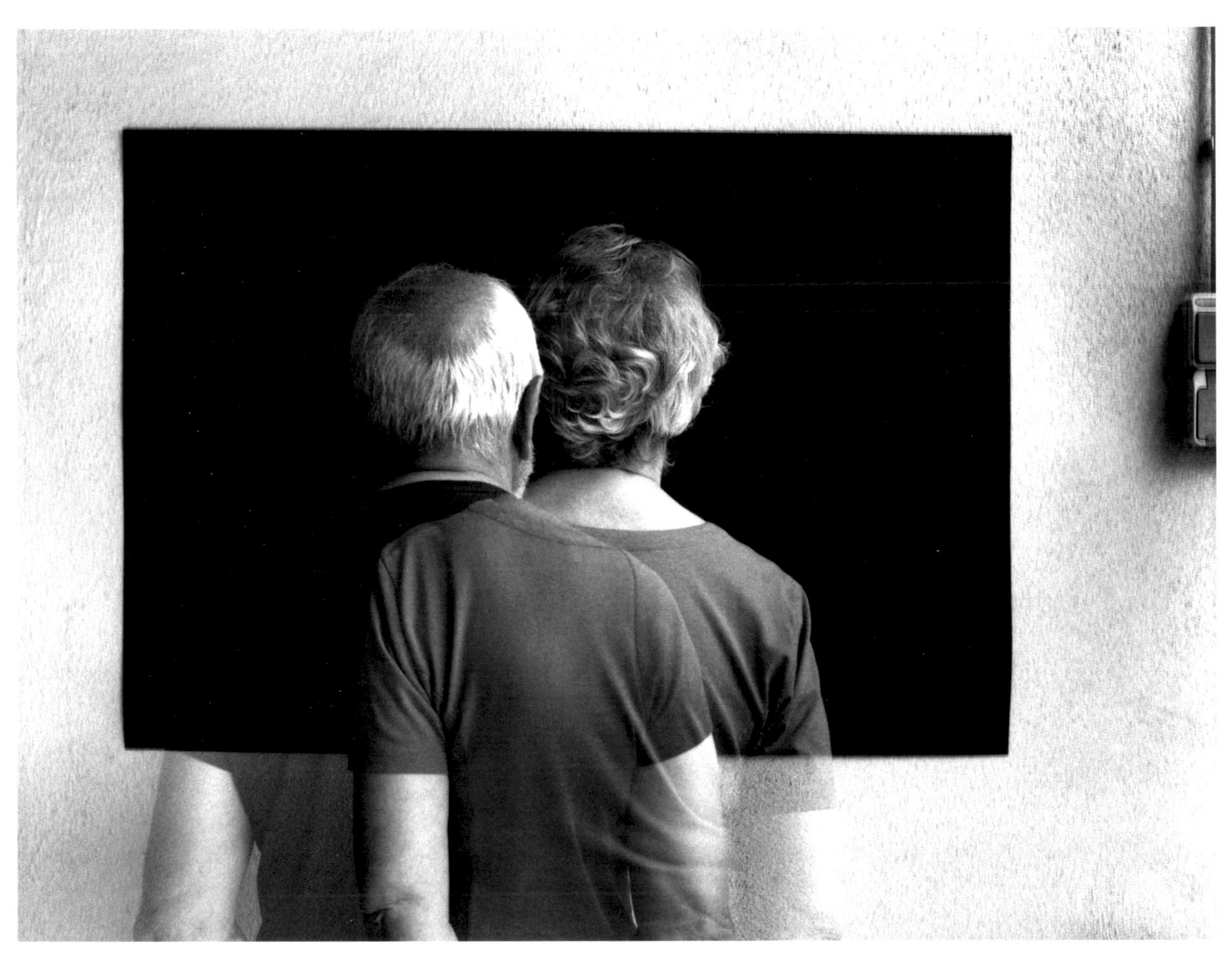

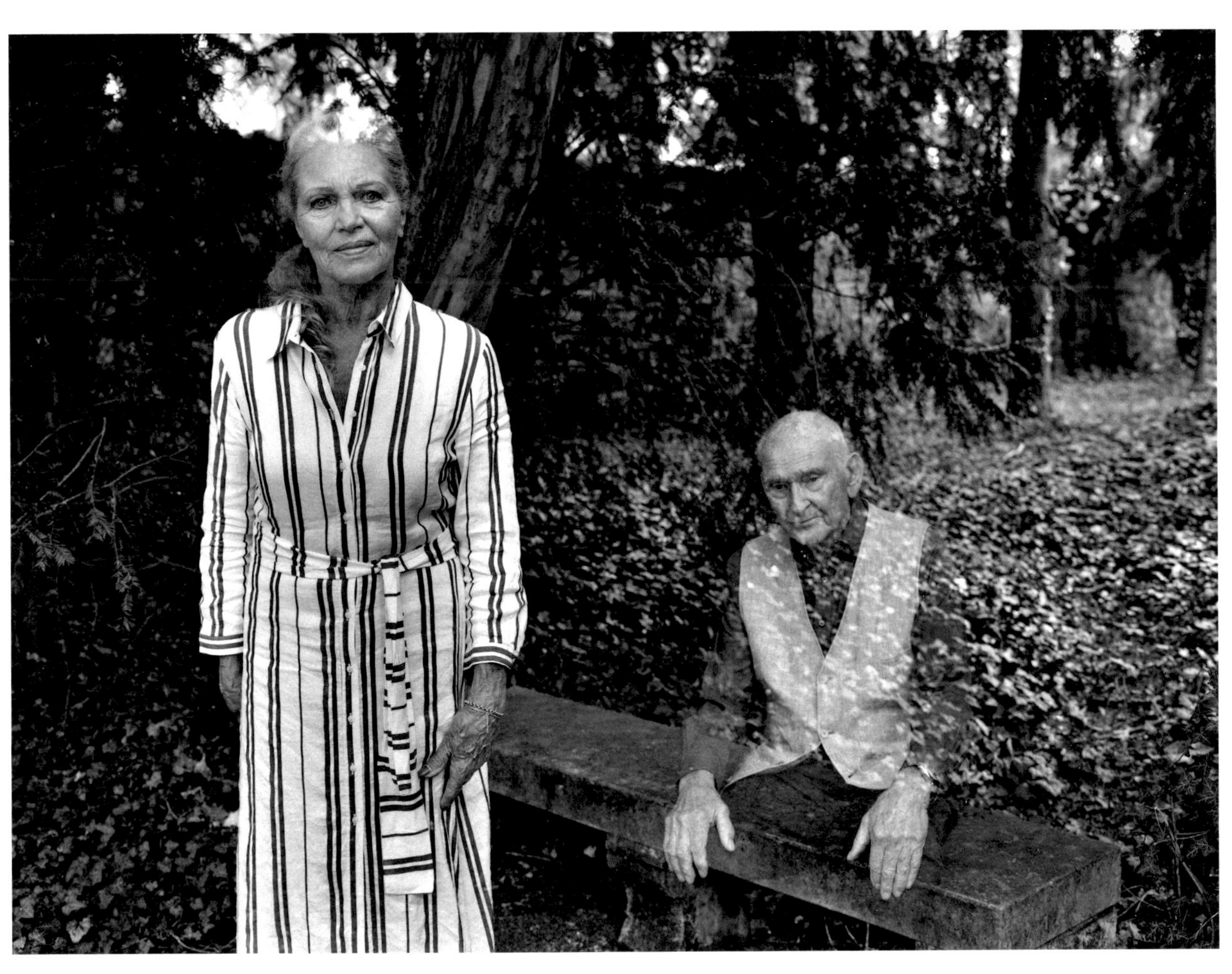

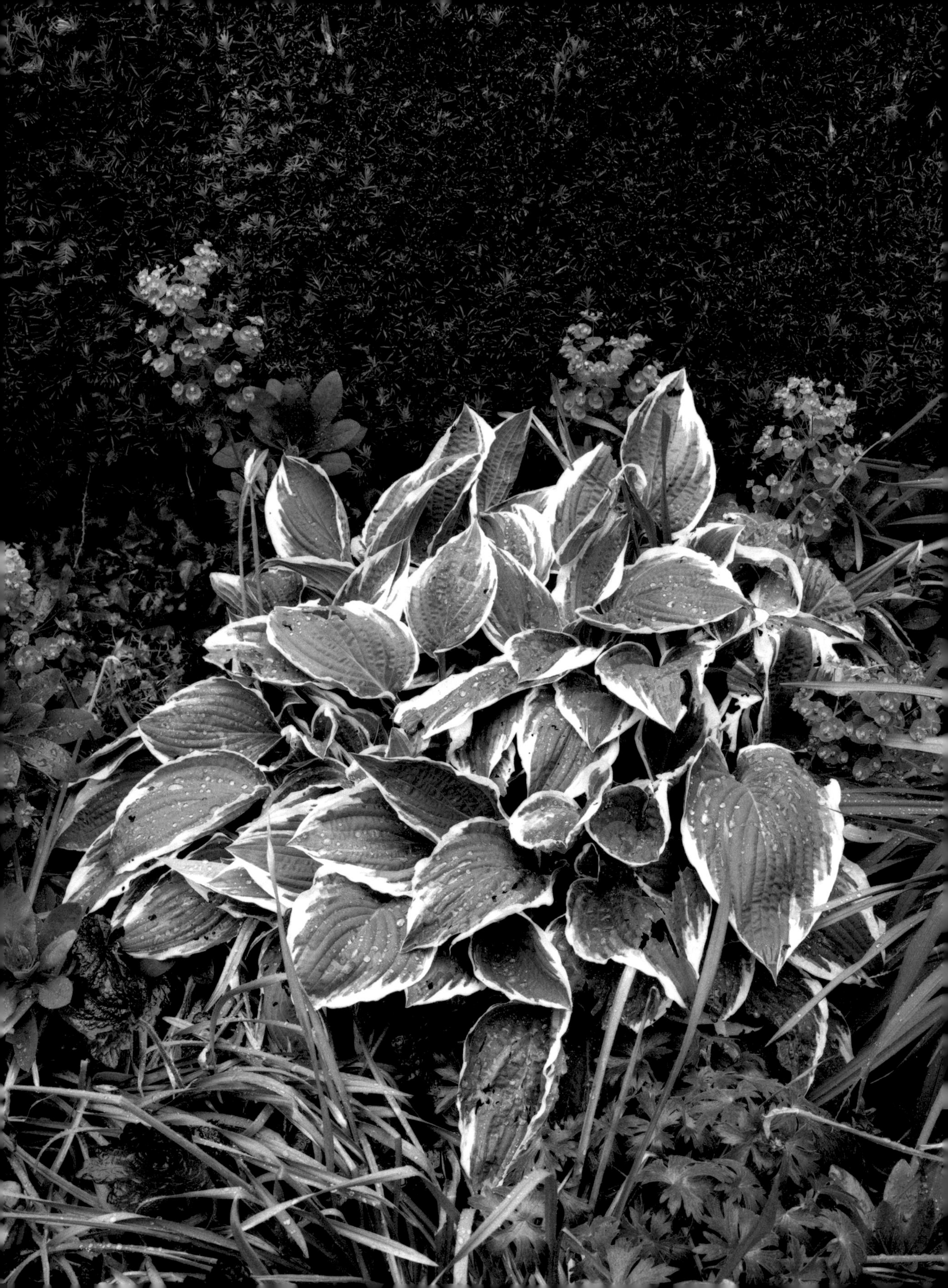

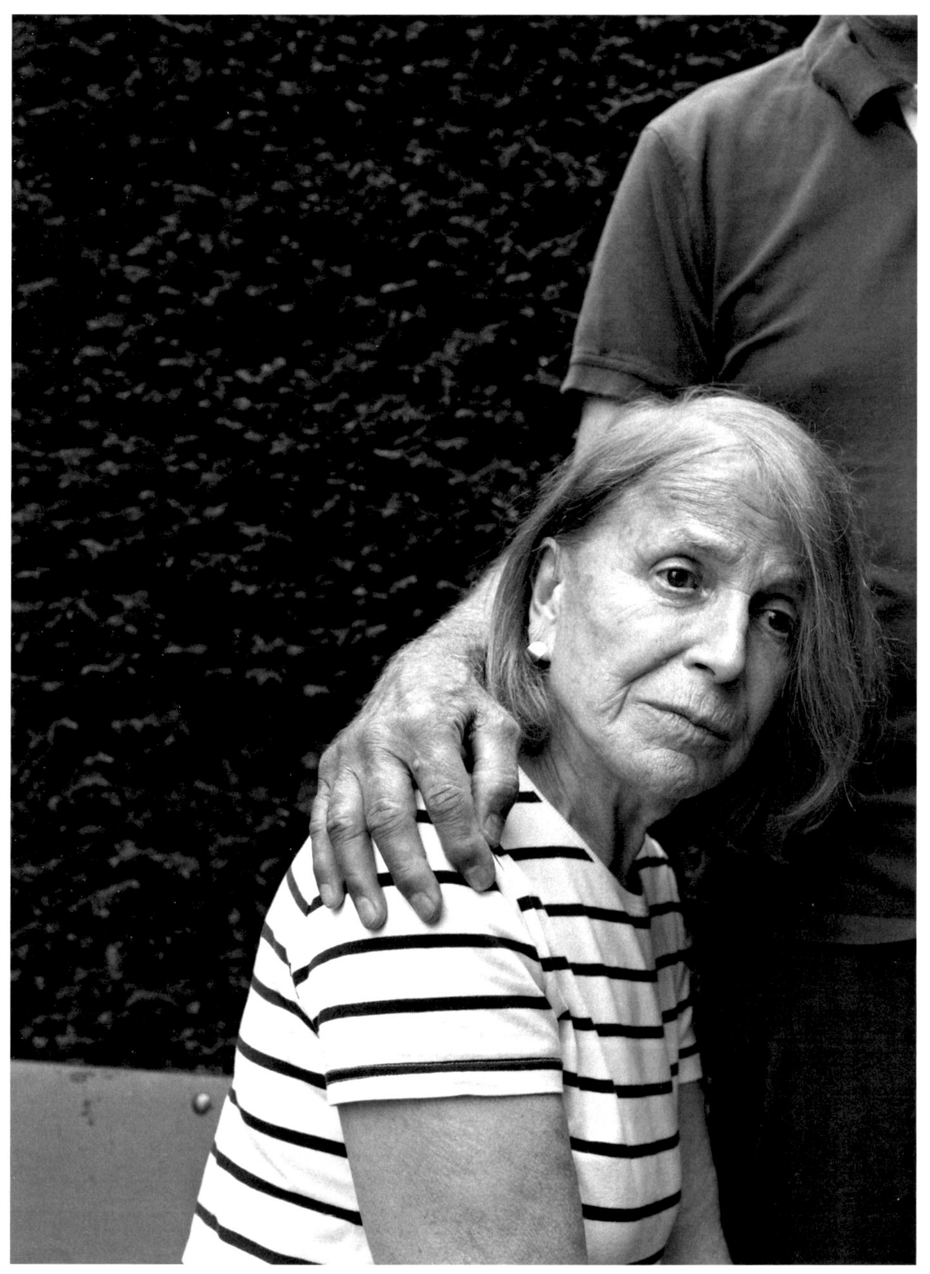

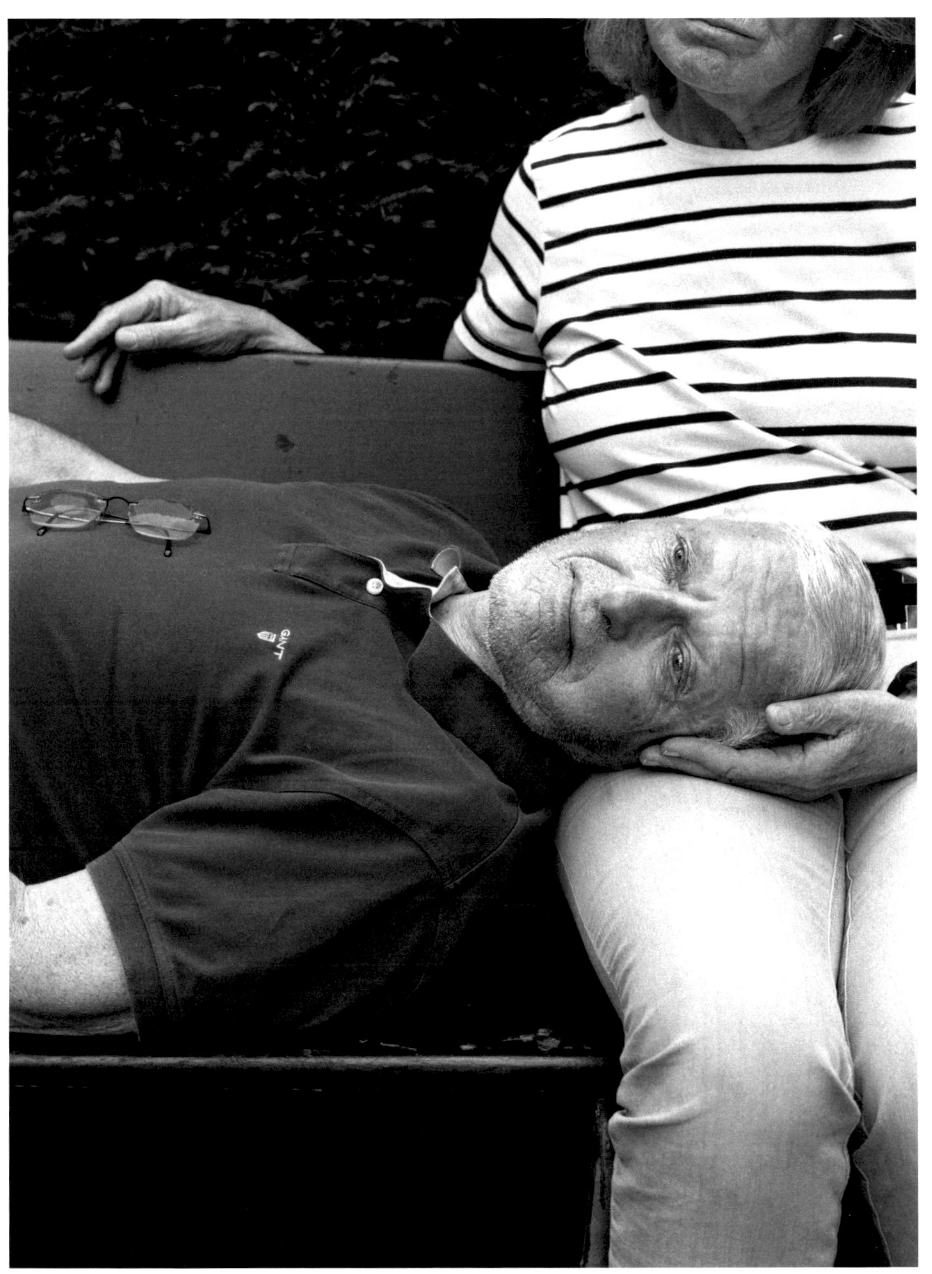
GANT

Kariert ihre Blumen,
wenn er auf ihr liegt.

Dichter dann das Leben.

Grau an Grau gelehnt.

Oh, ihr Verkanteten!
Wie macht man das Bleiben und Immerlieben?

Ich weiß es nicht.

Abpausen
will ich euch,

mich in das Bett eures hinreißenden Flusses legen und treiben

in nichts als nasser Nachtwäsche.

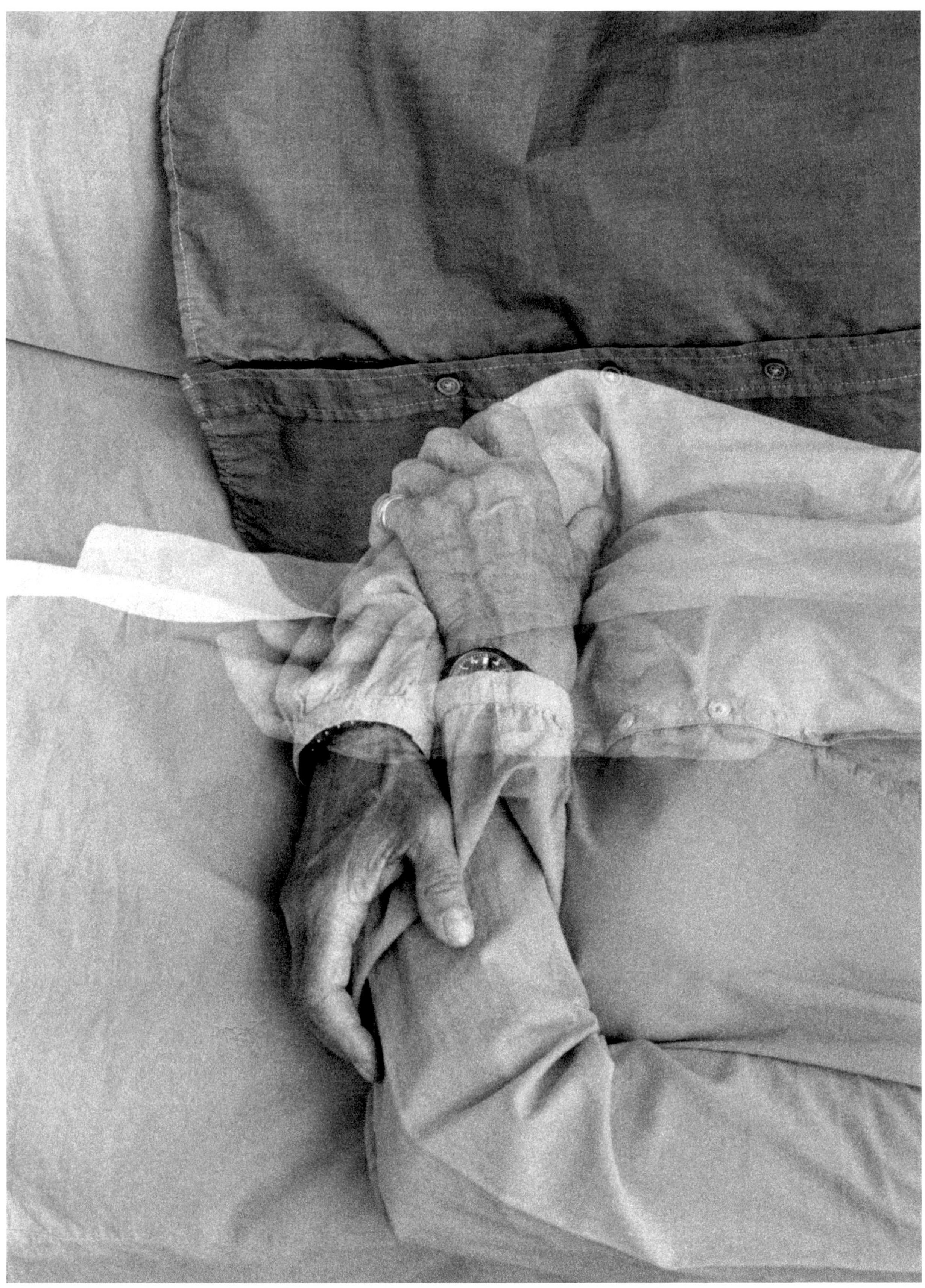

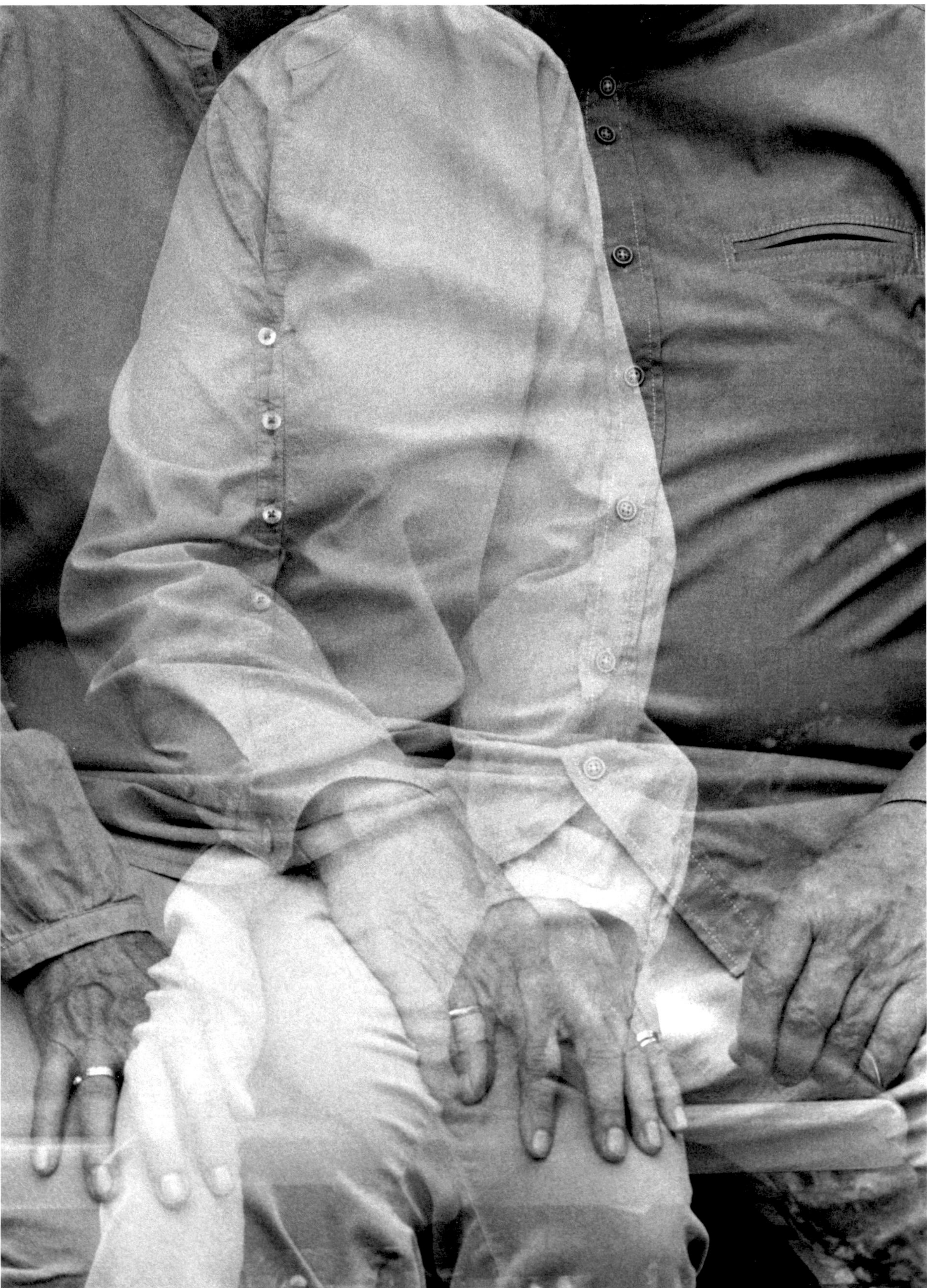

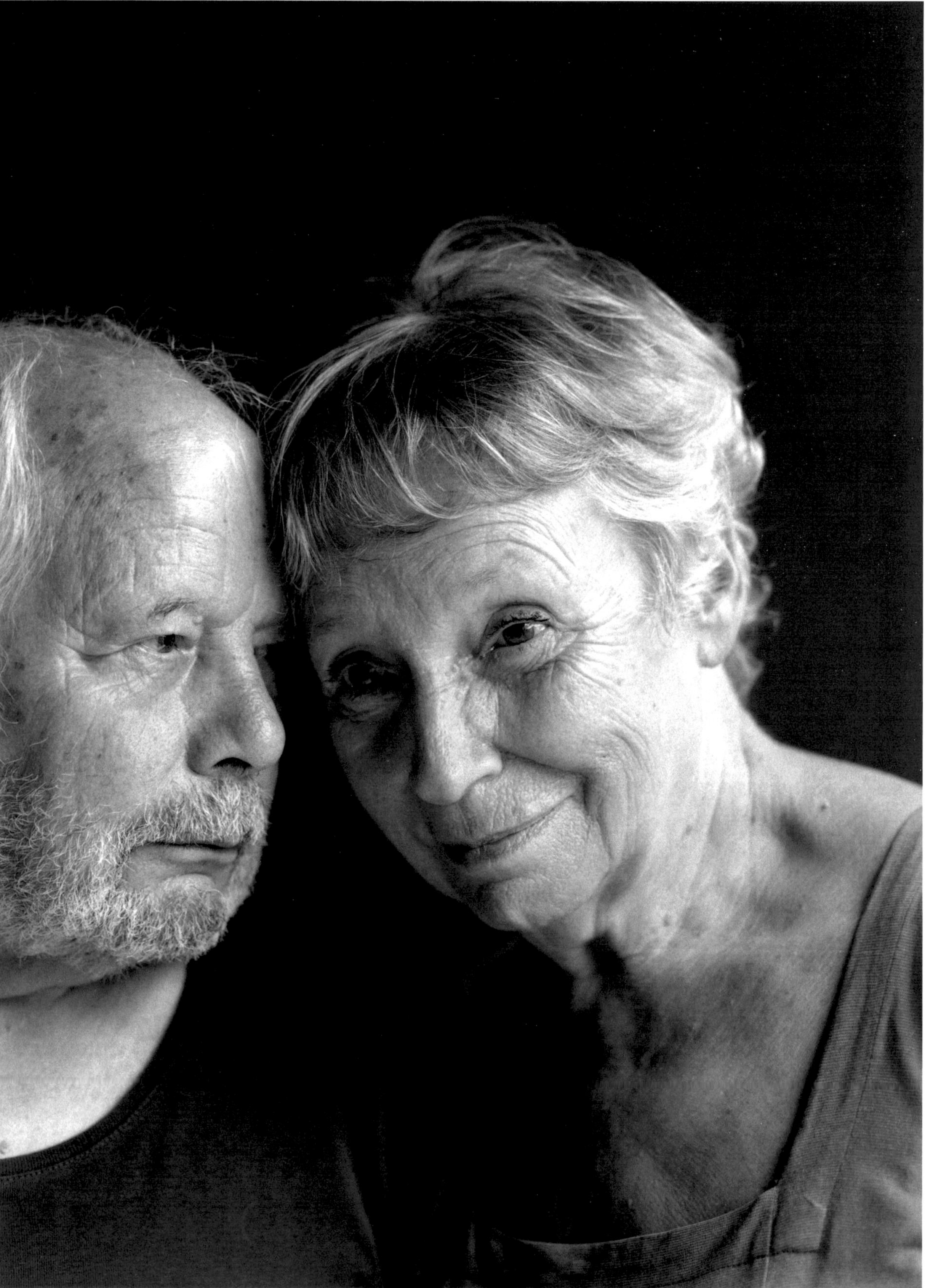

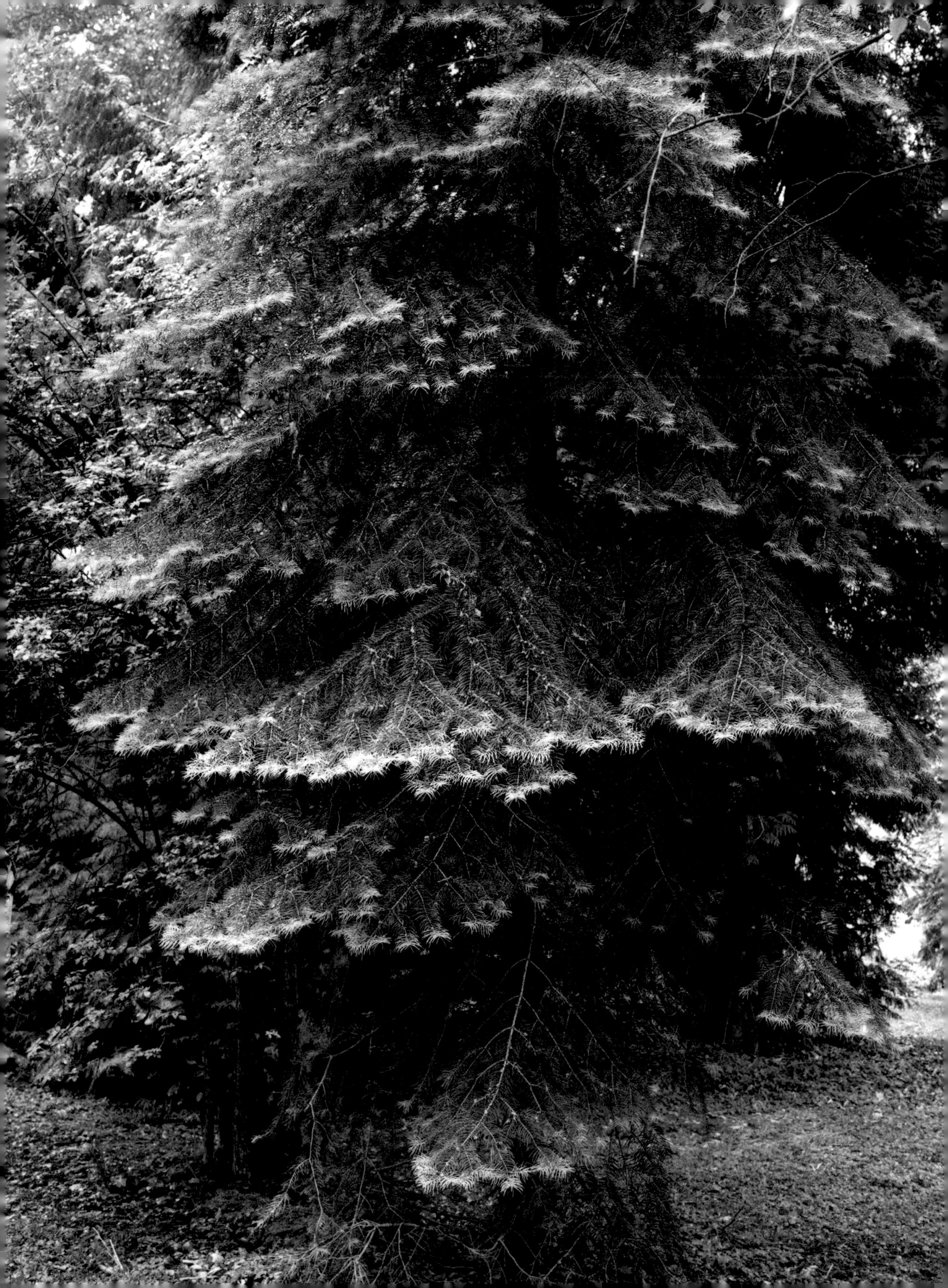

Das Erinnern lässt den Übermut
in die müden Beine springen,

und dann siezt er sie aufs Neue,
und ihr Saum fliegt hoch,

und im lang nicht mehr betretenen Garten
ist es auch im Schatten heiß.

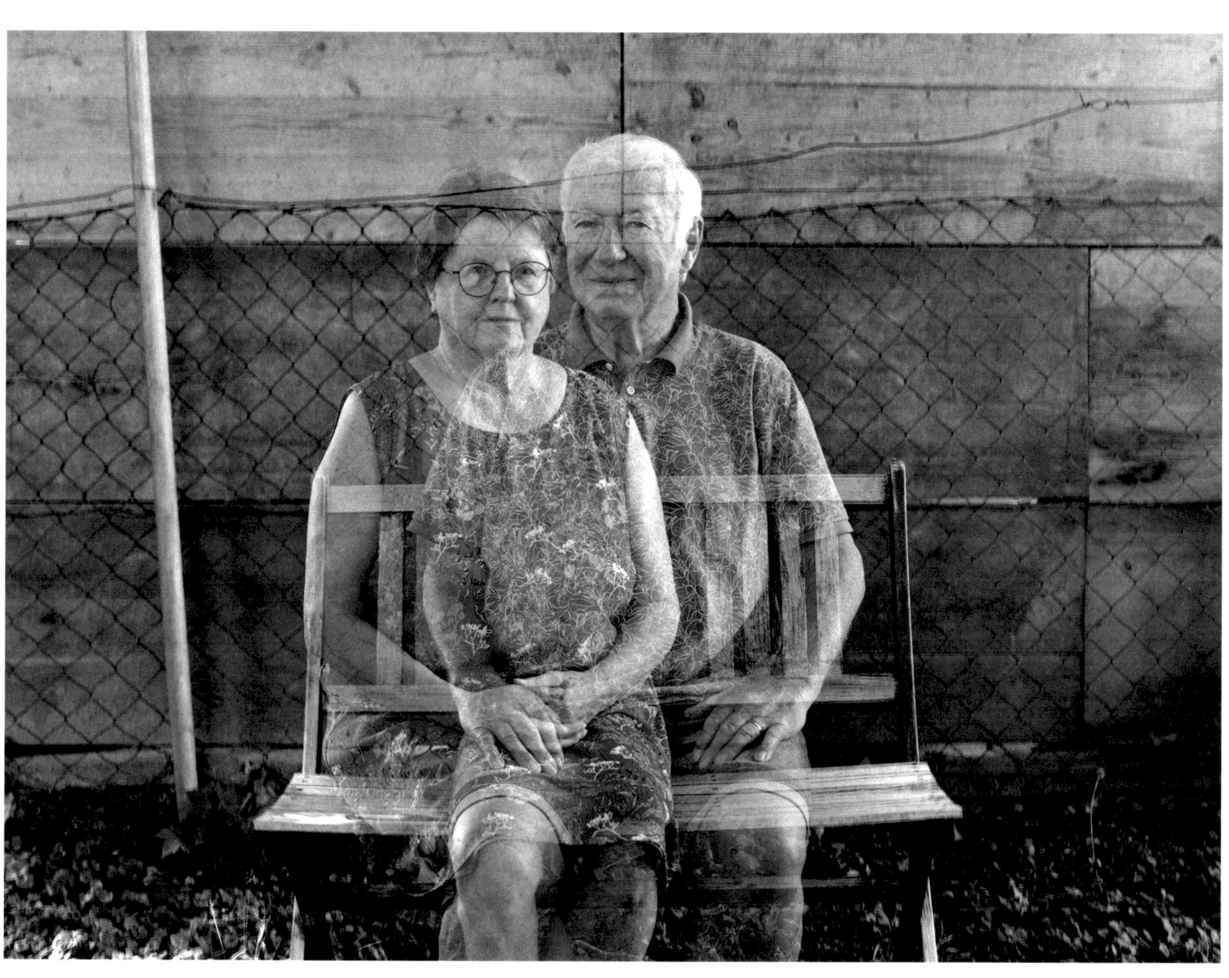

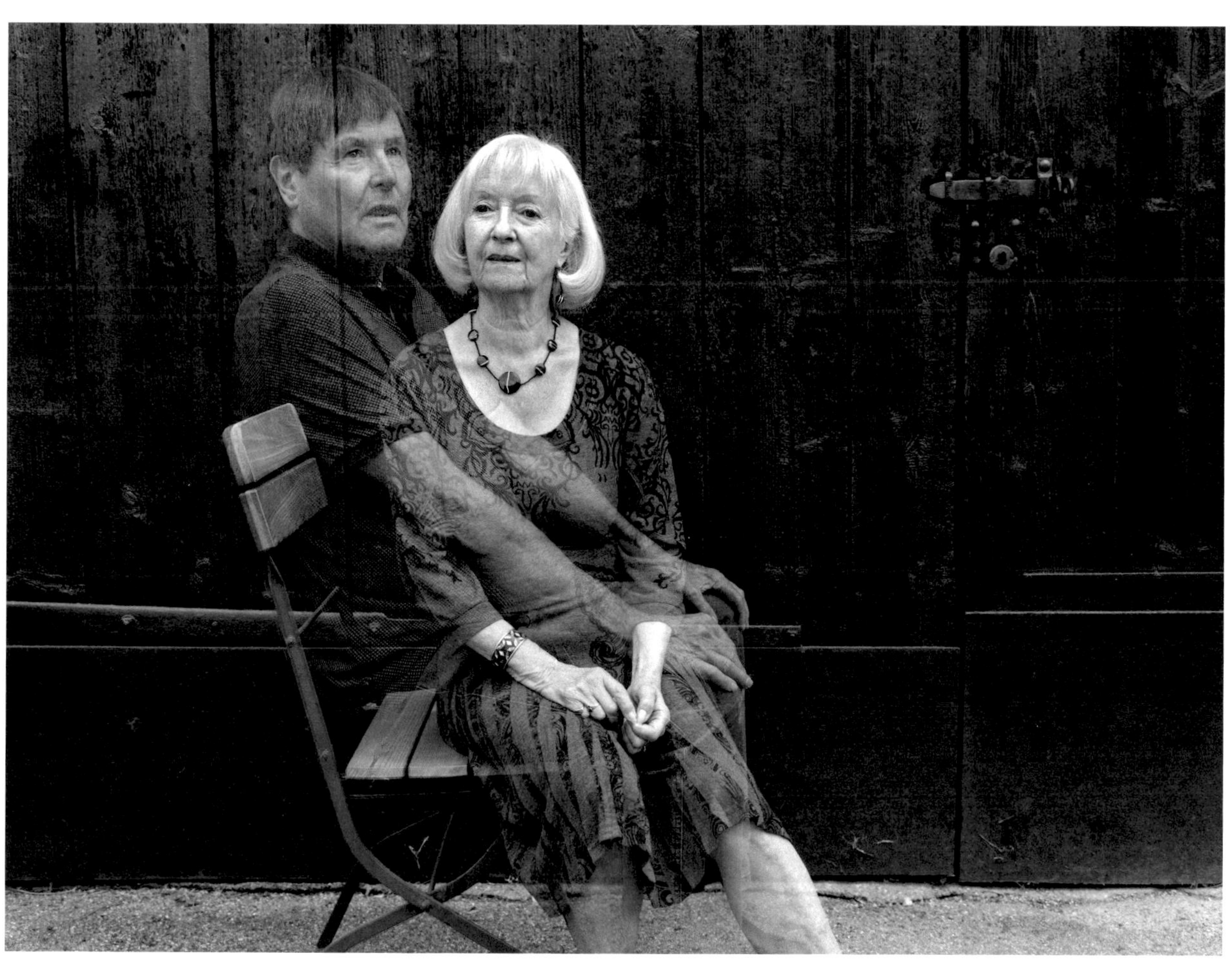

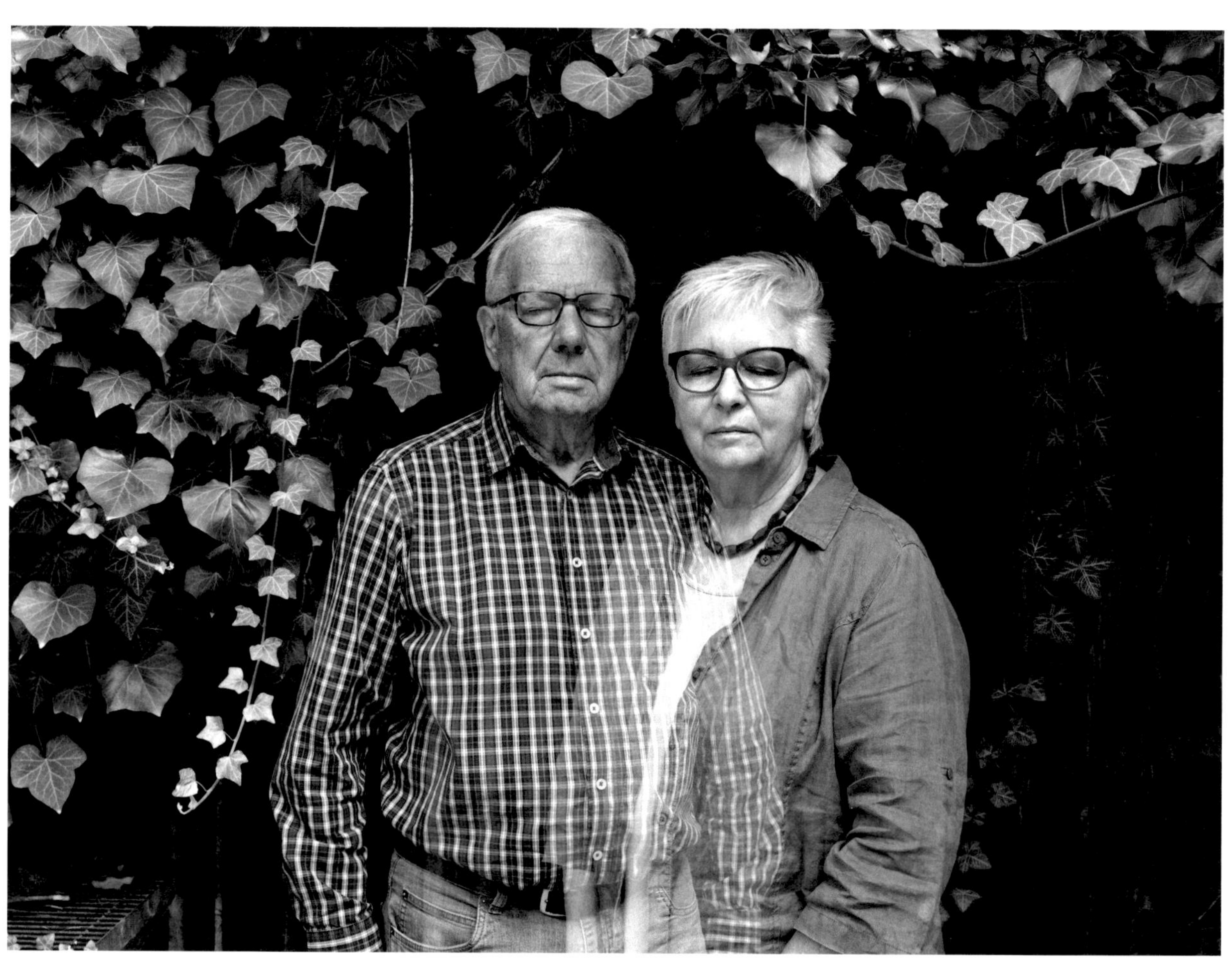

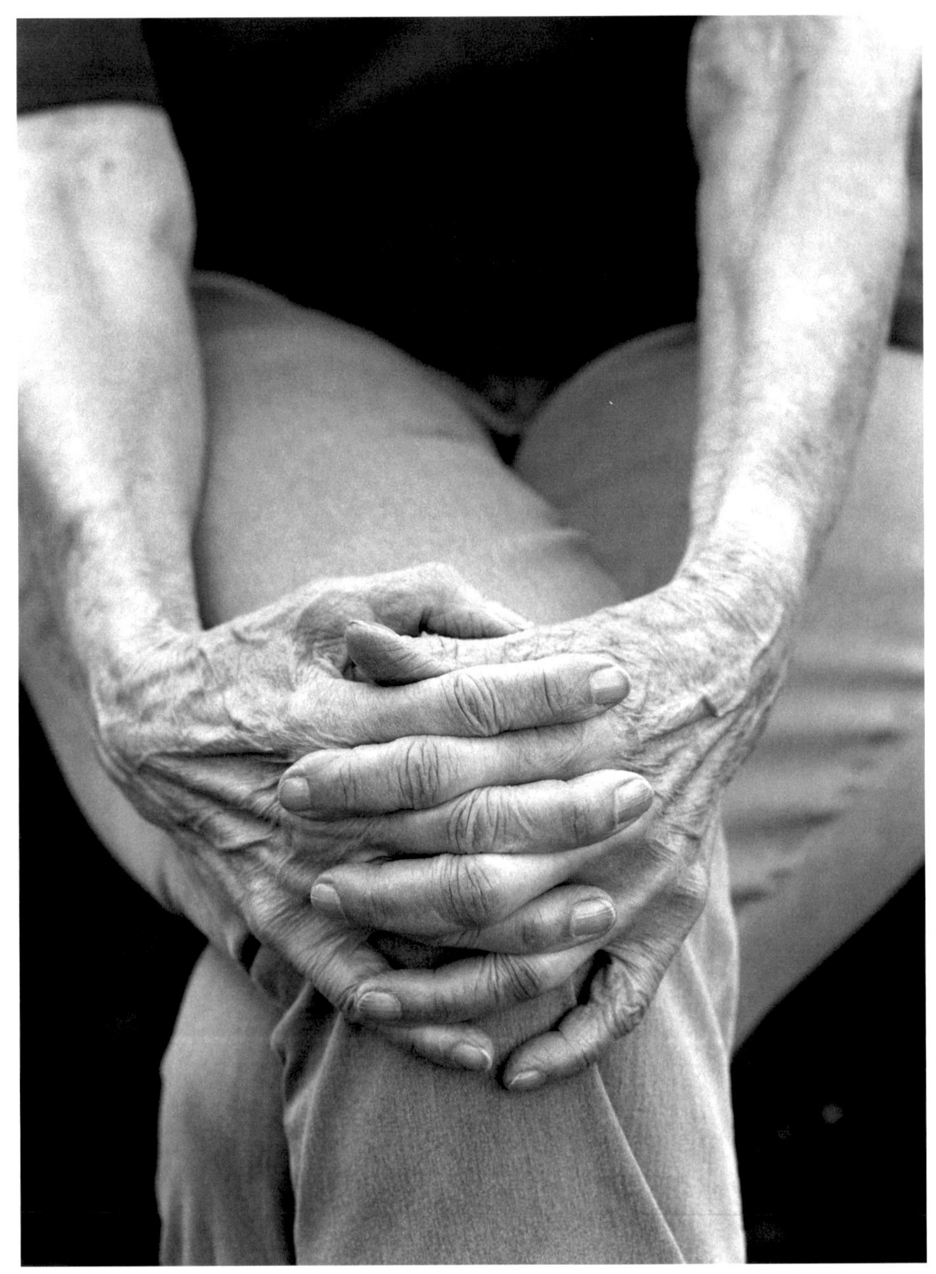

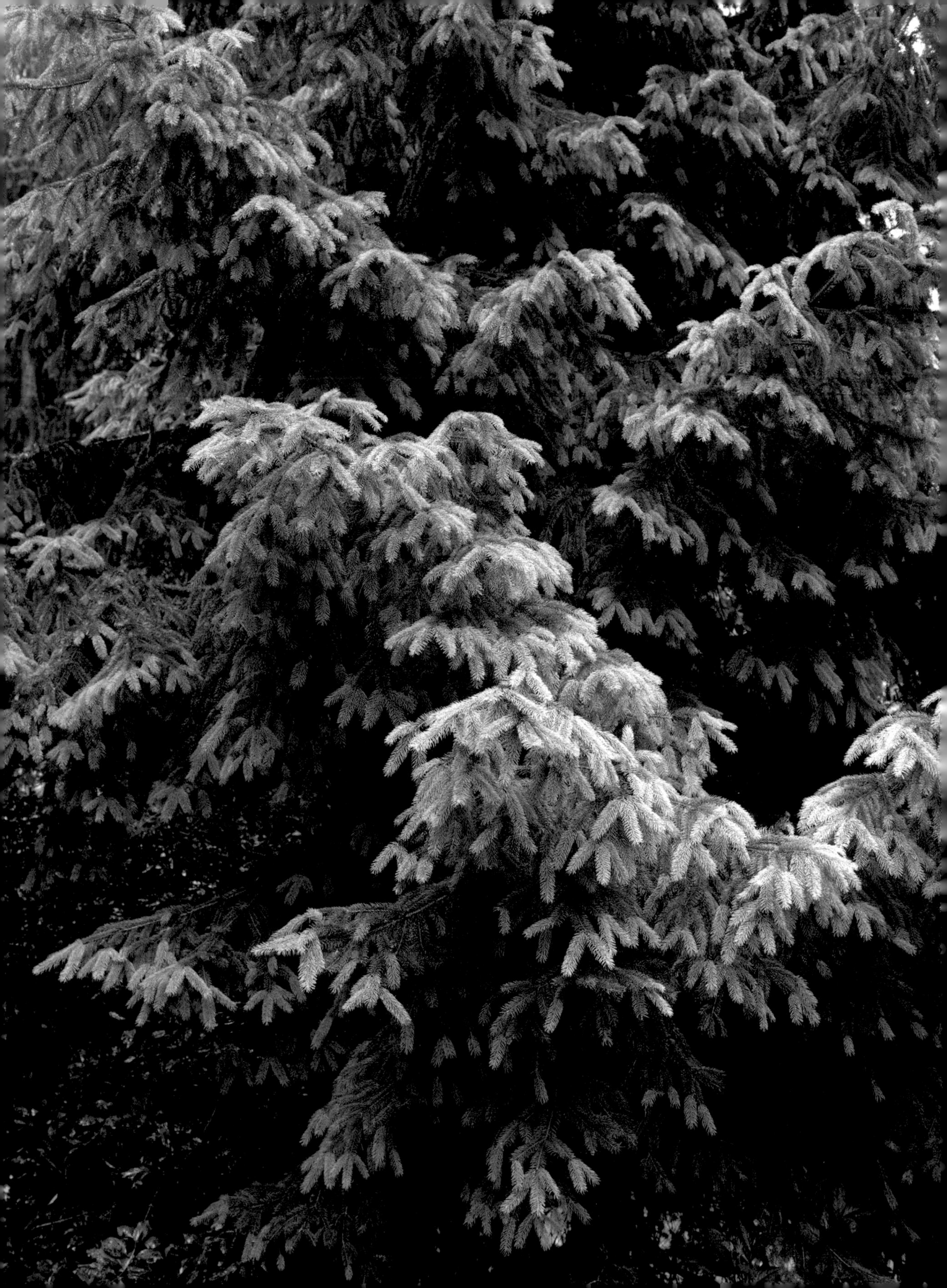

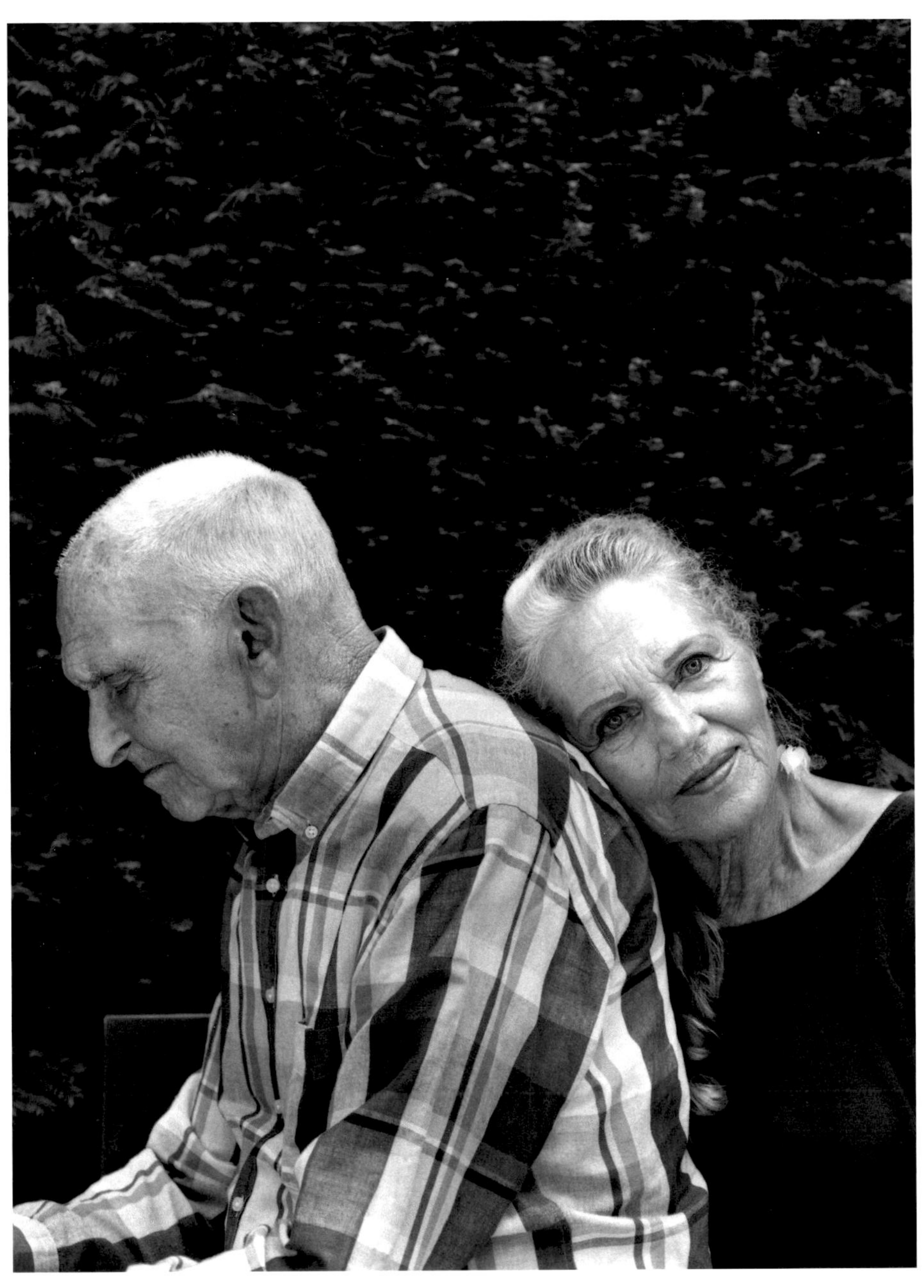

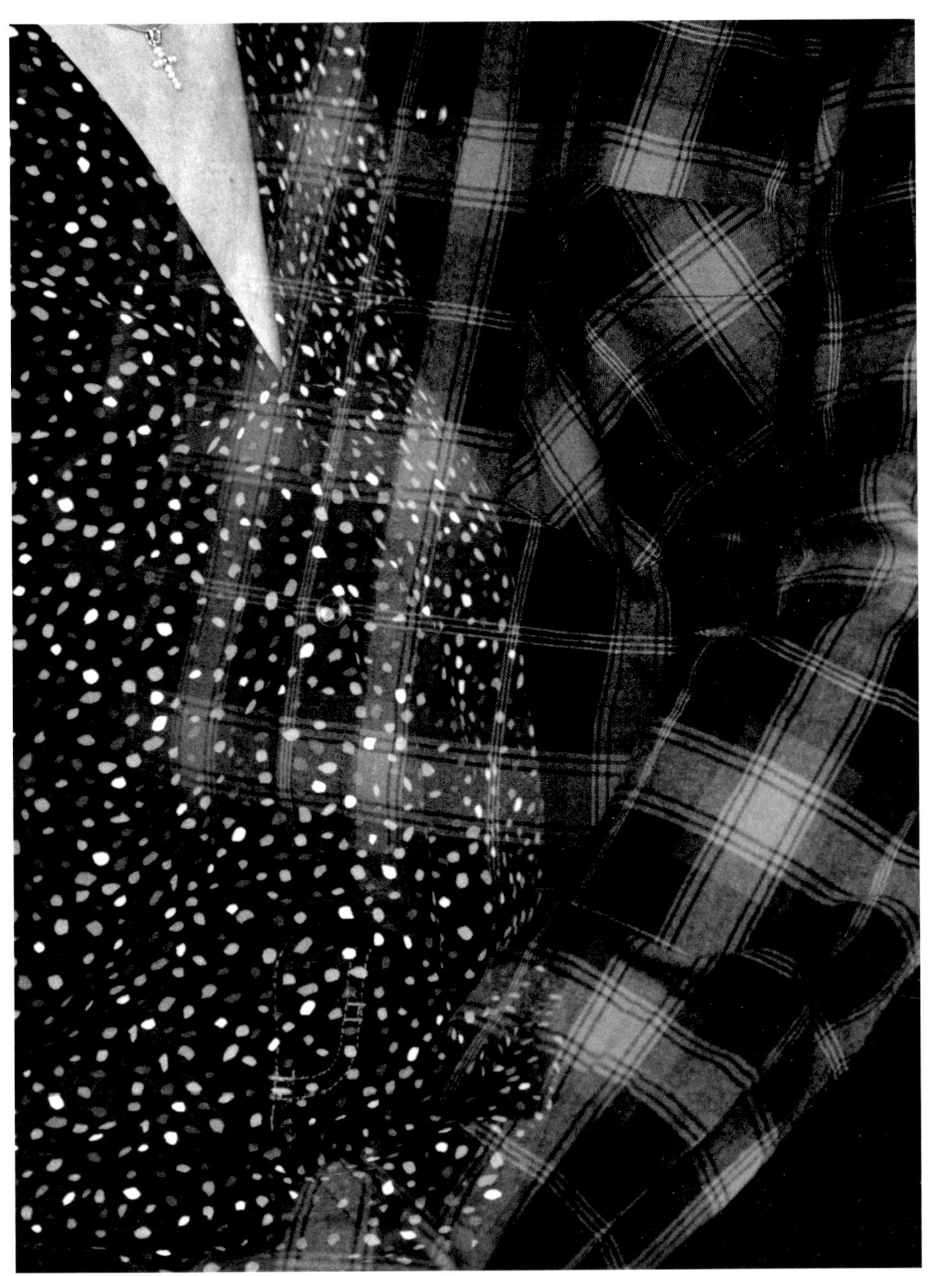

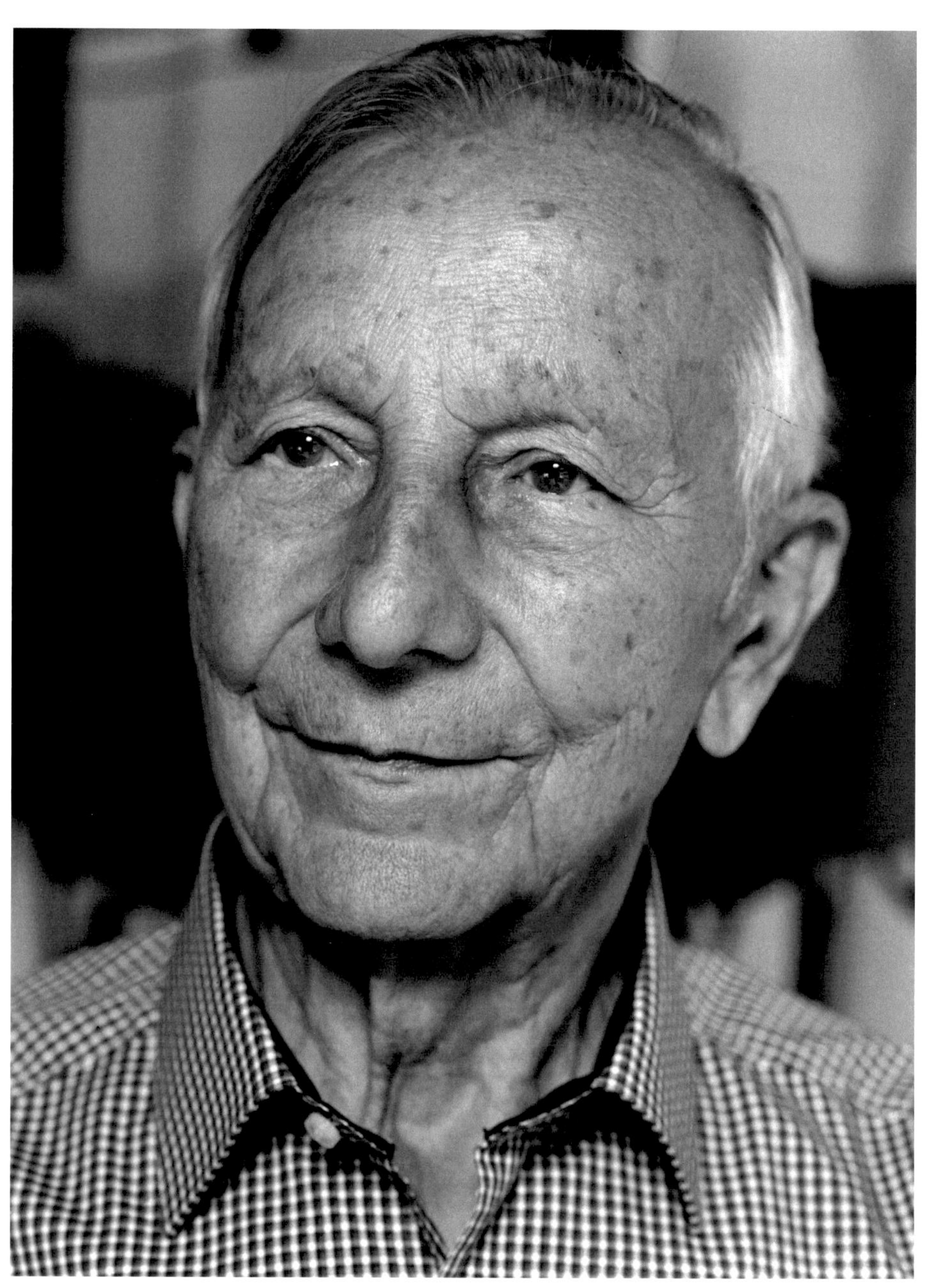

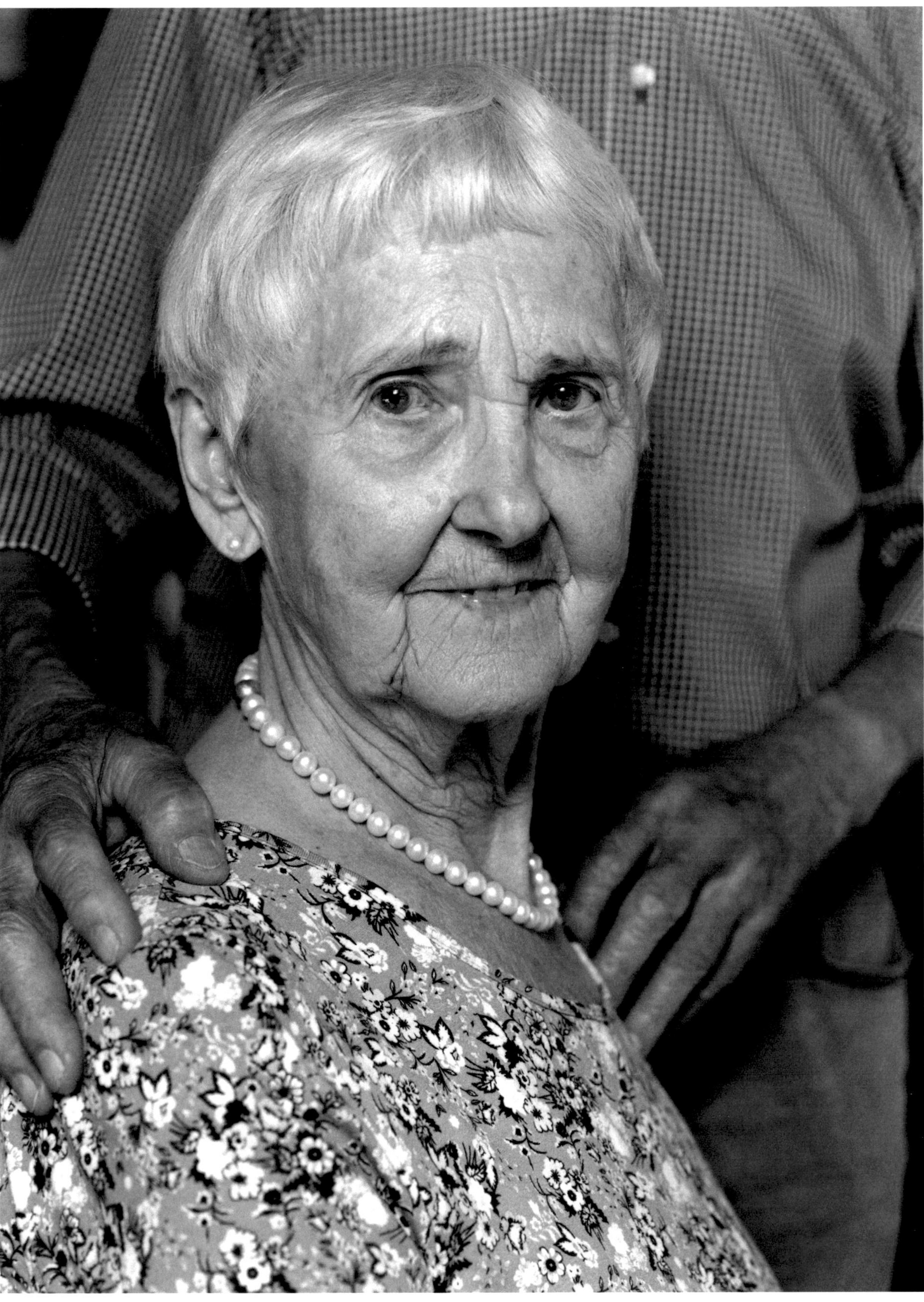

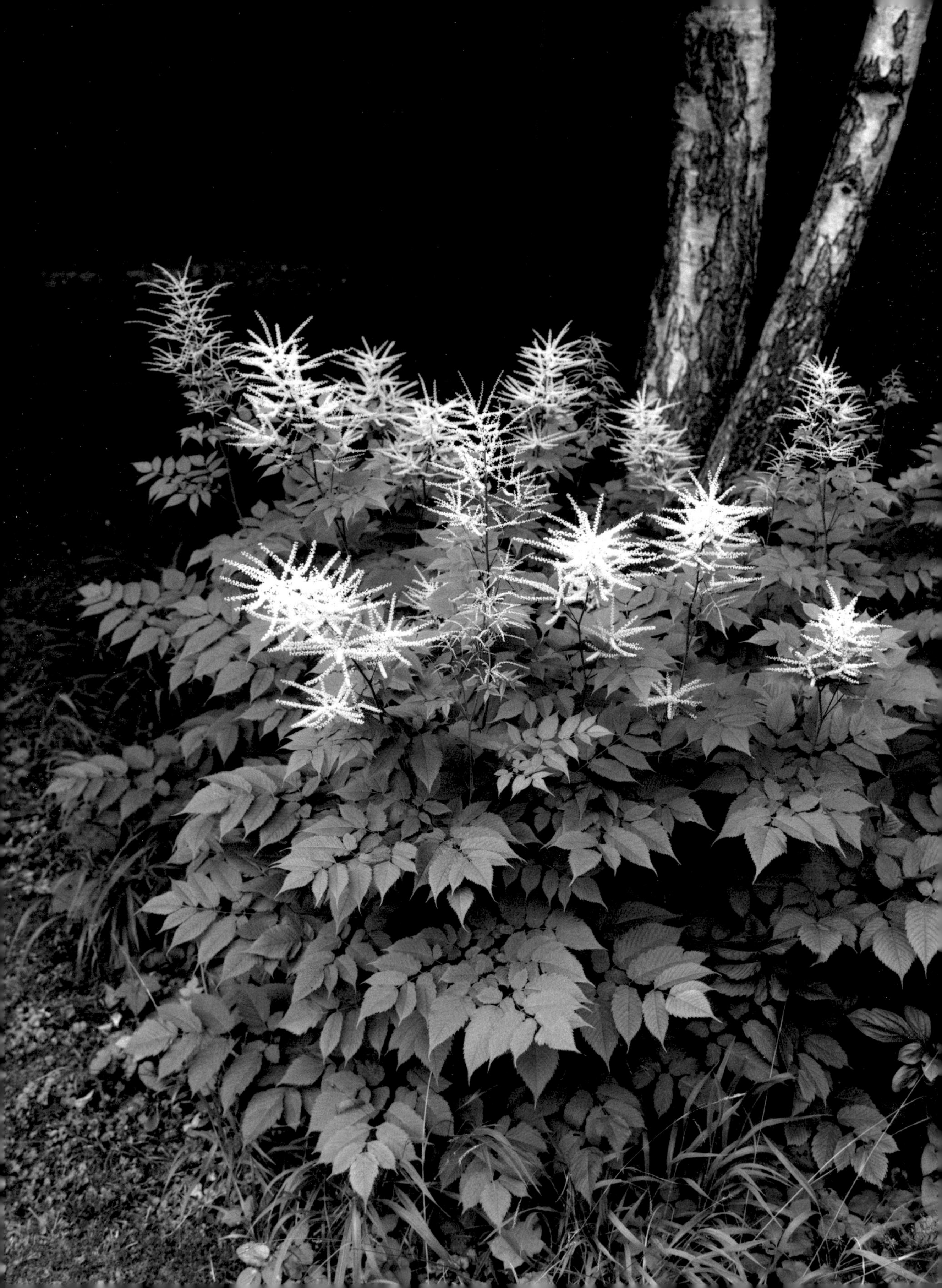

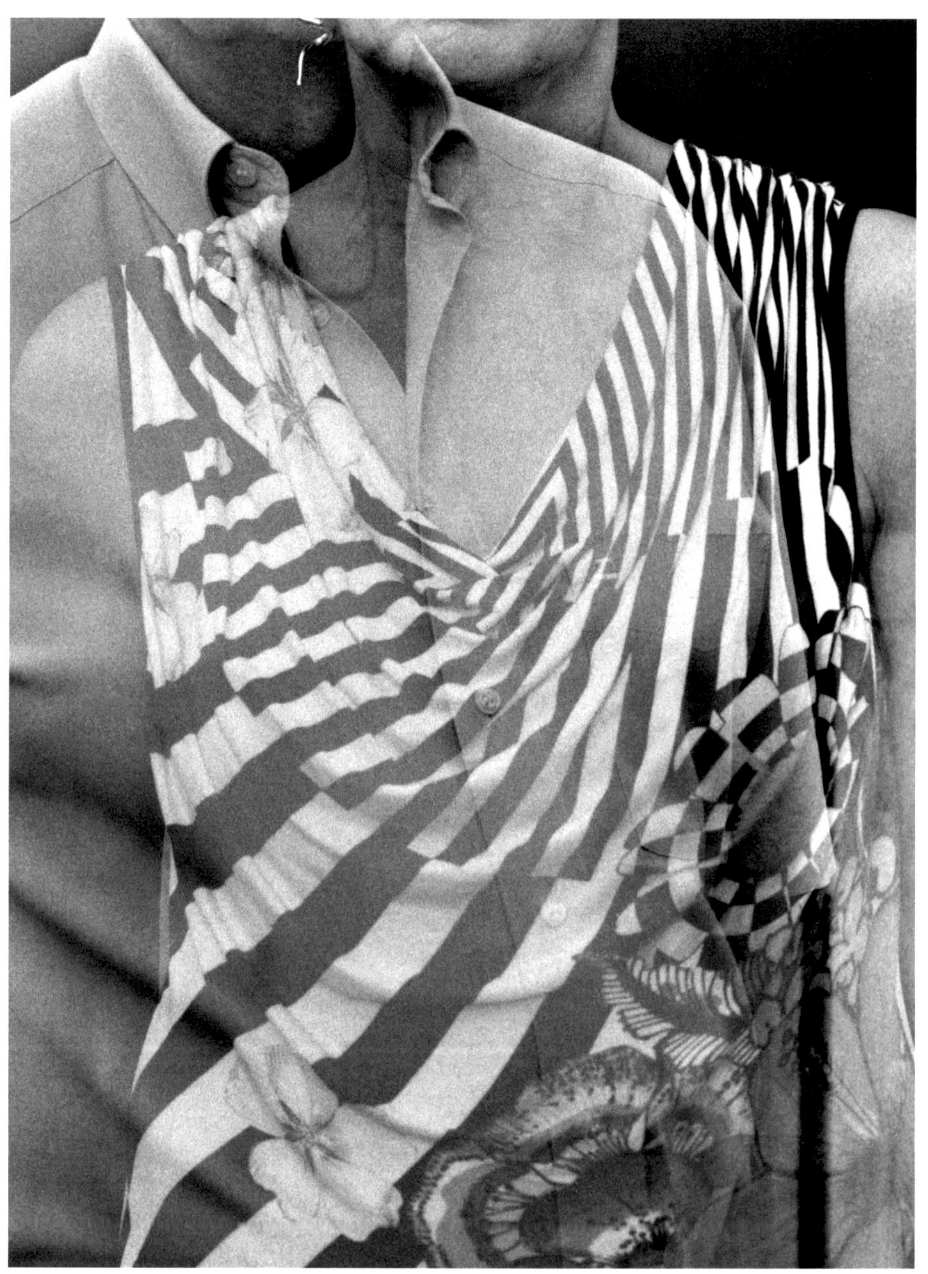

Sie gehen zurück in das Schwarz seiner Haare

und leuchten.

Sommermonate ohne Schmerz.
Hauthell.

Ohr an Ohr gelehnt
und dazwischen Fliederlieder.

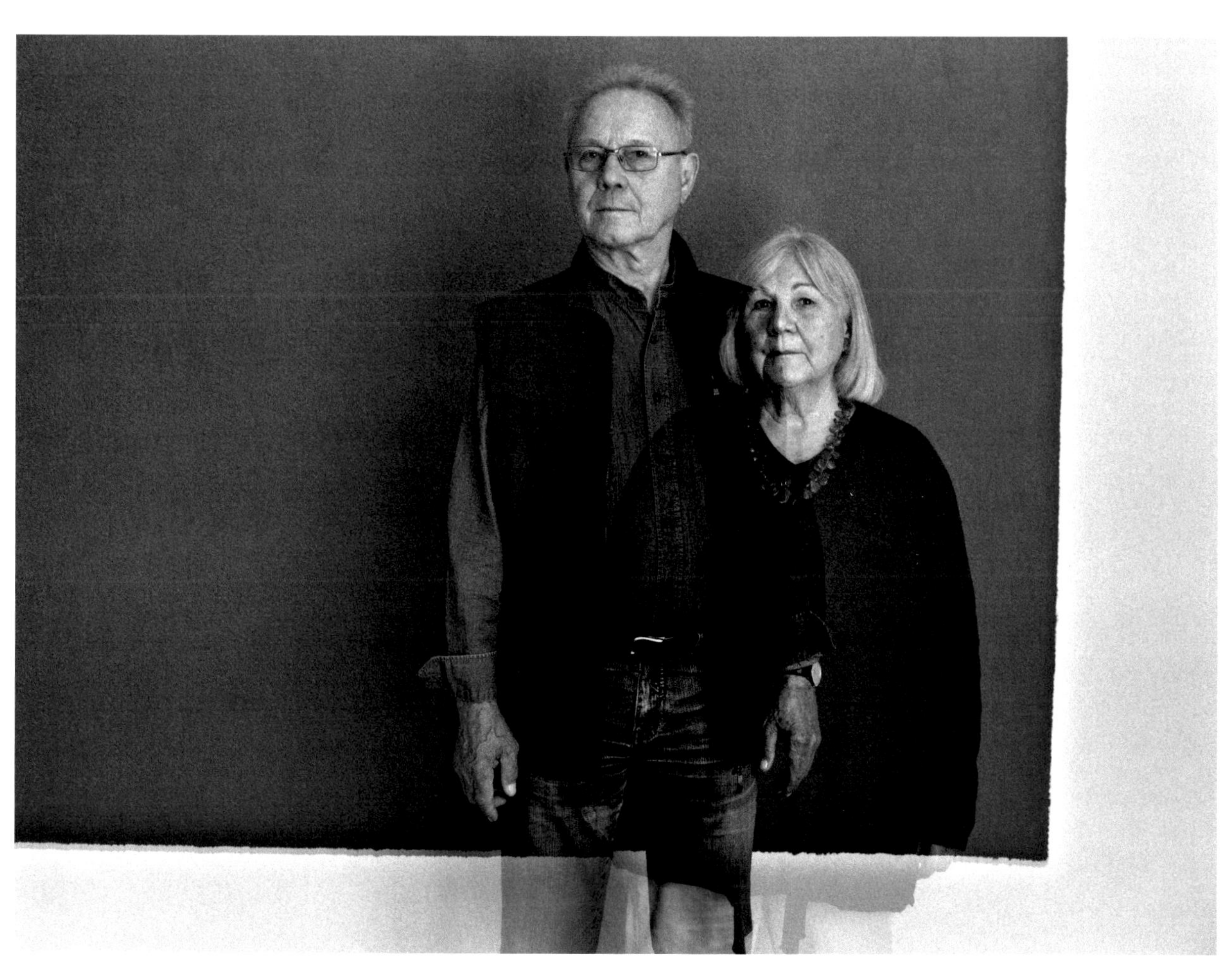

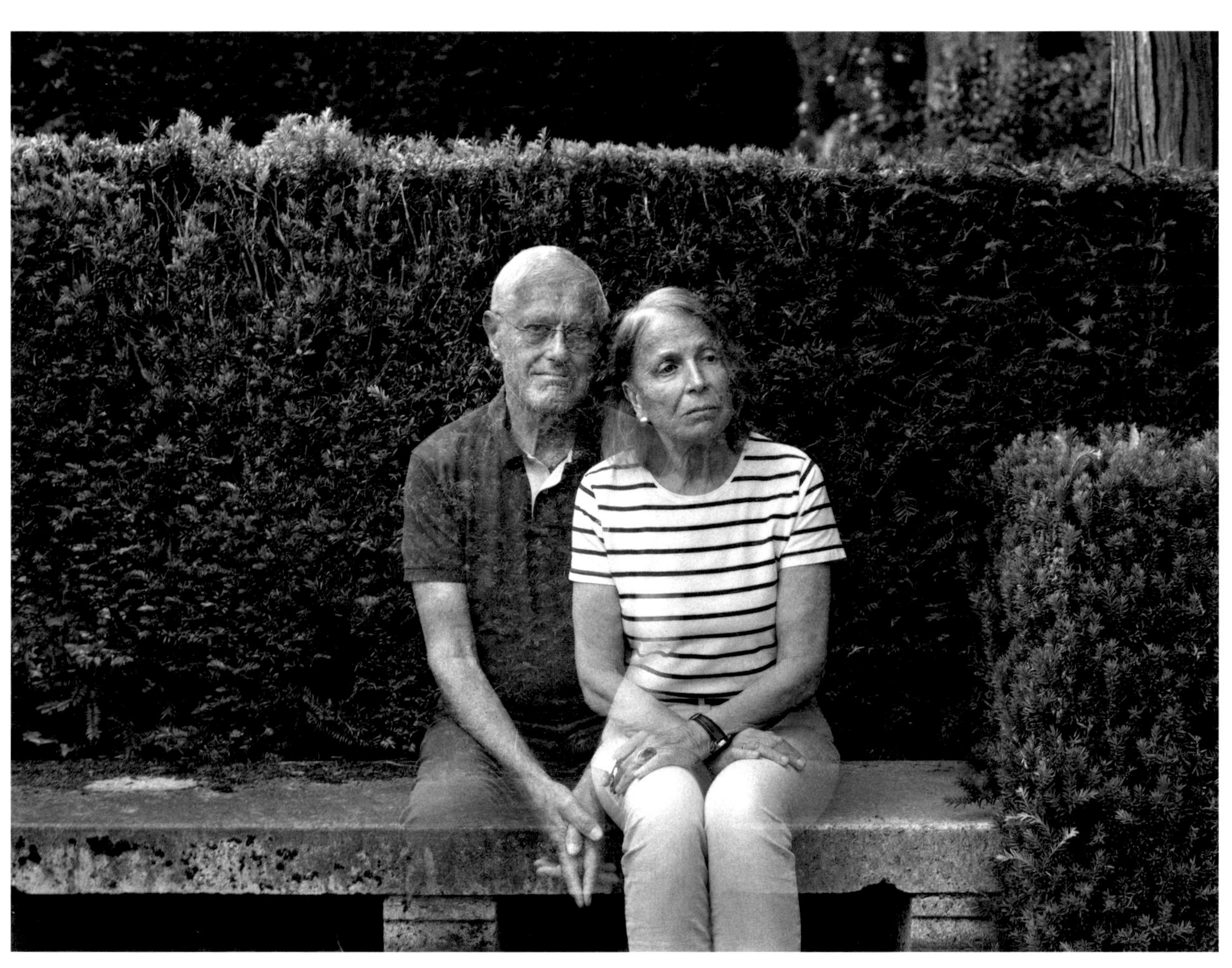

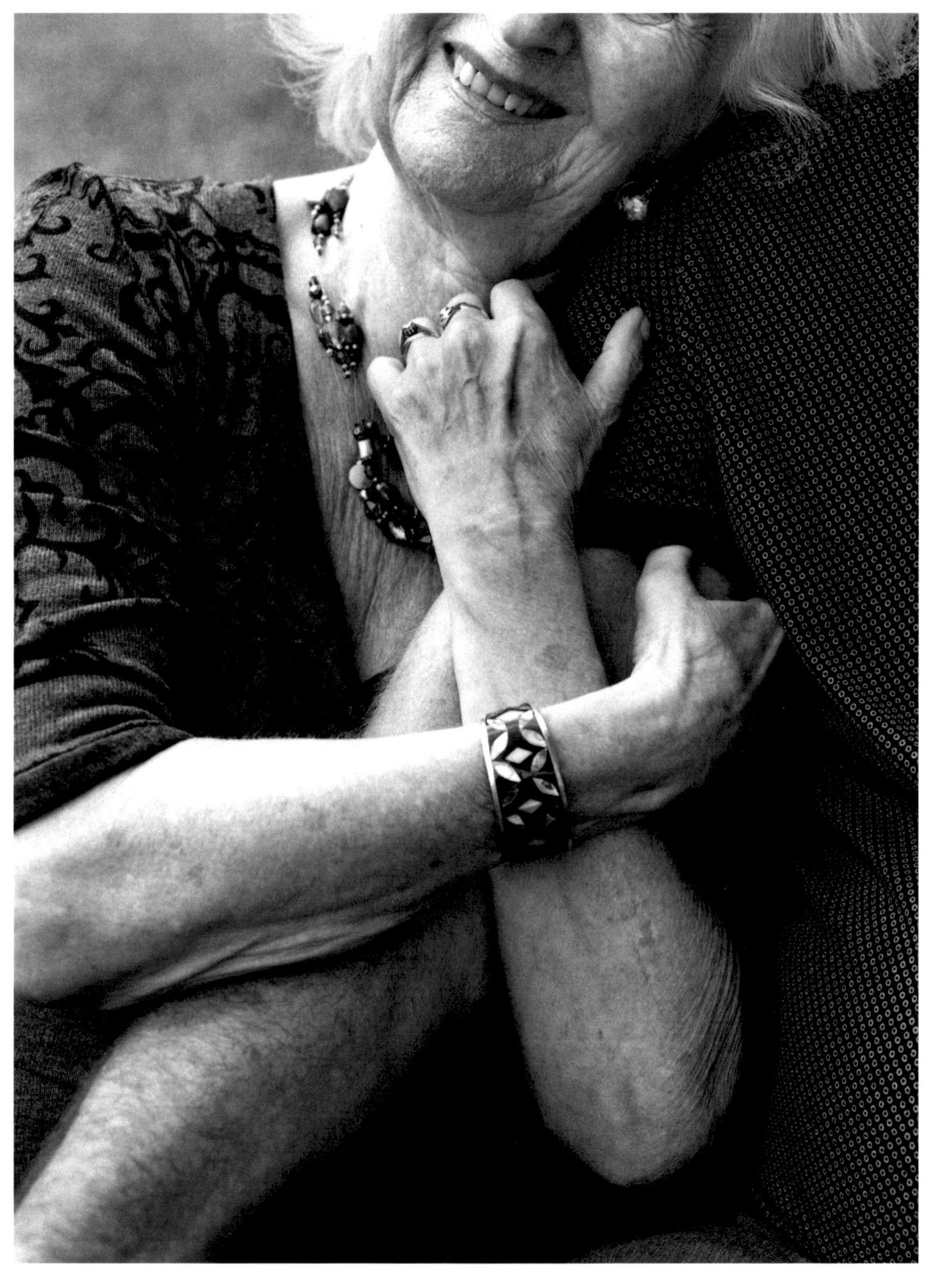

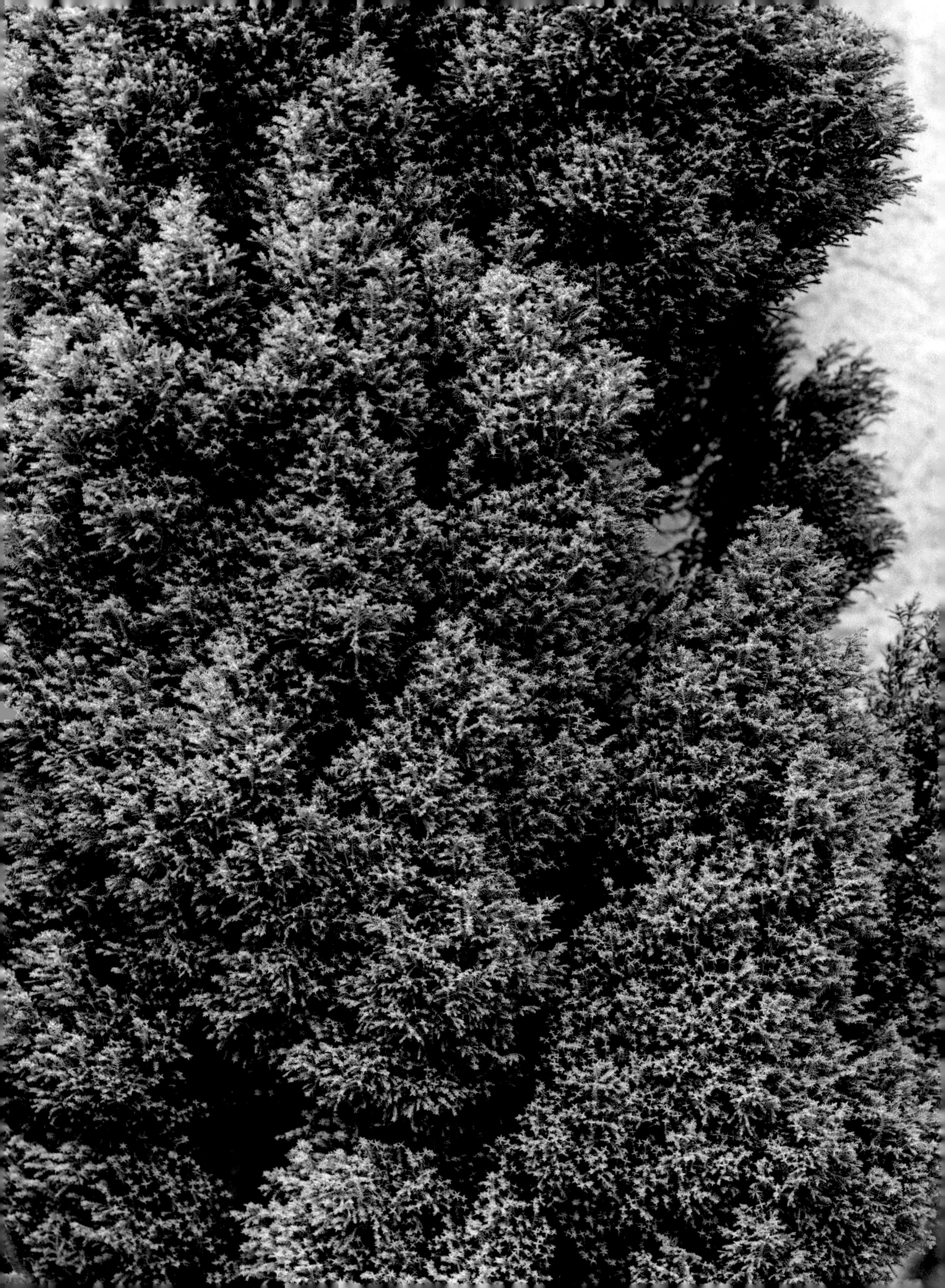

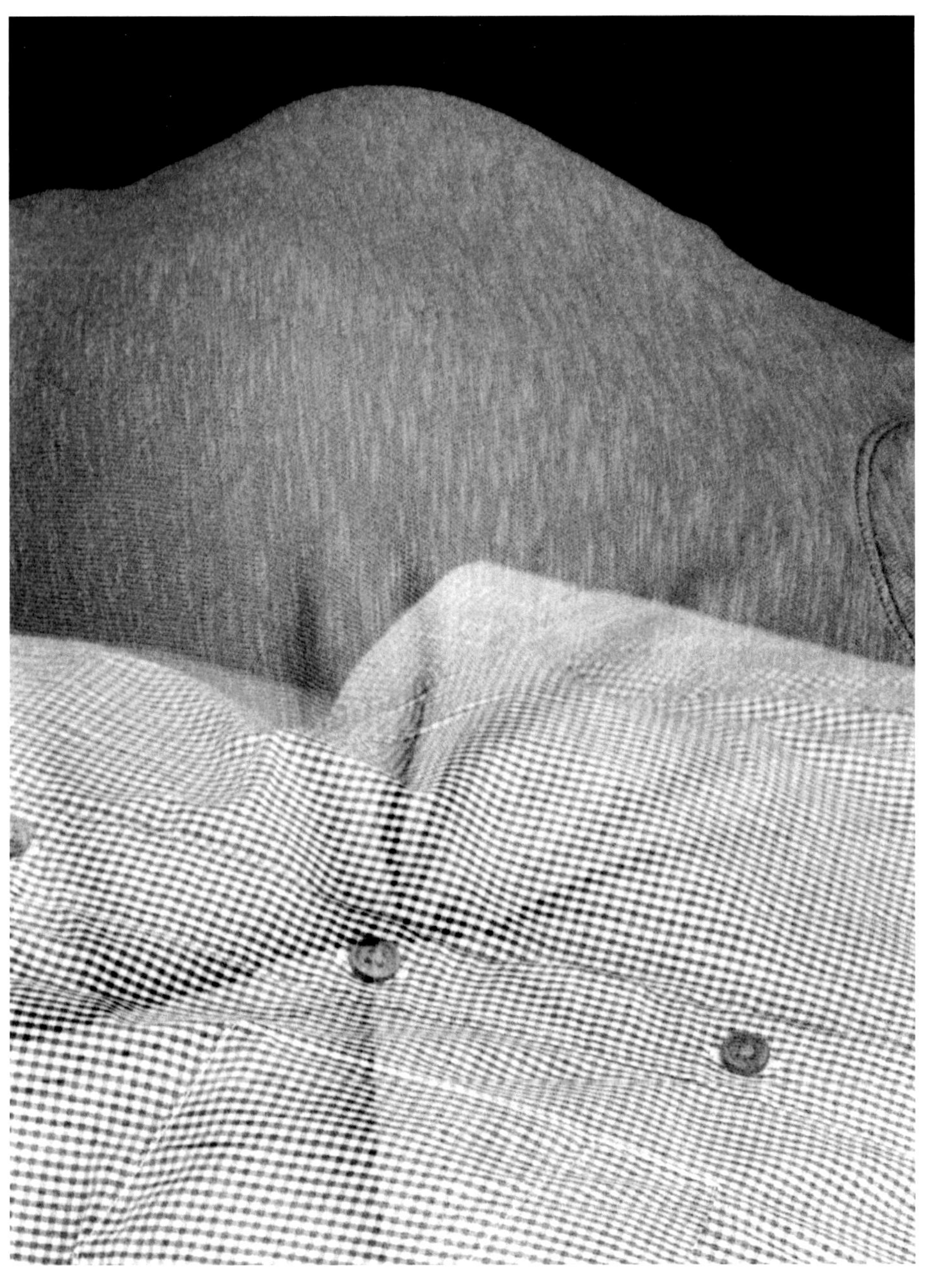

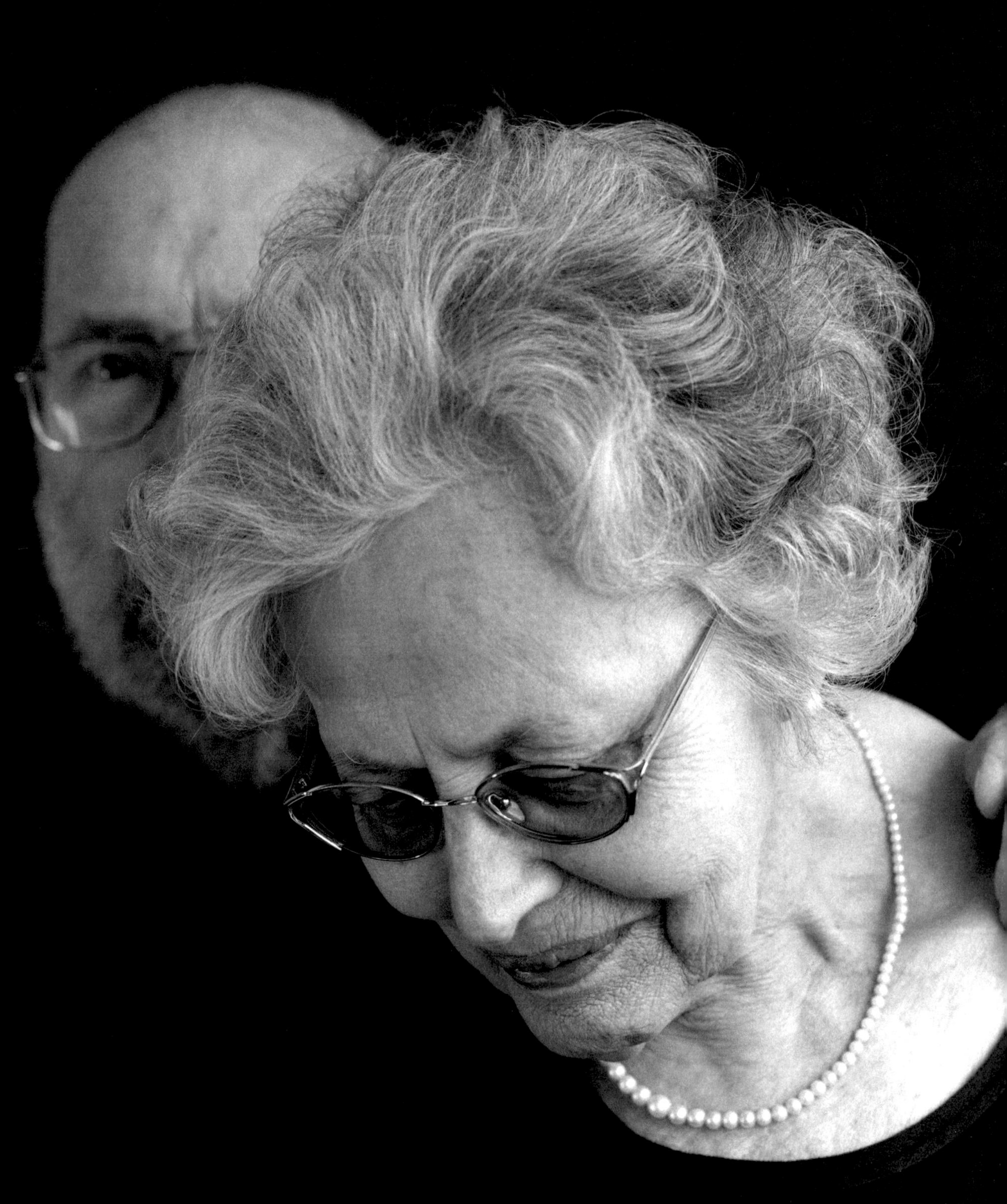

Rostbraten mit Preiselbeeren
und seine Kässpätzle dazu.

Sie lachen
und essen

und geben dem Tod ihren Umriss.

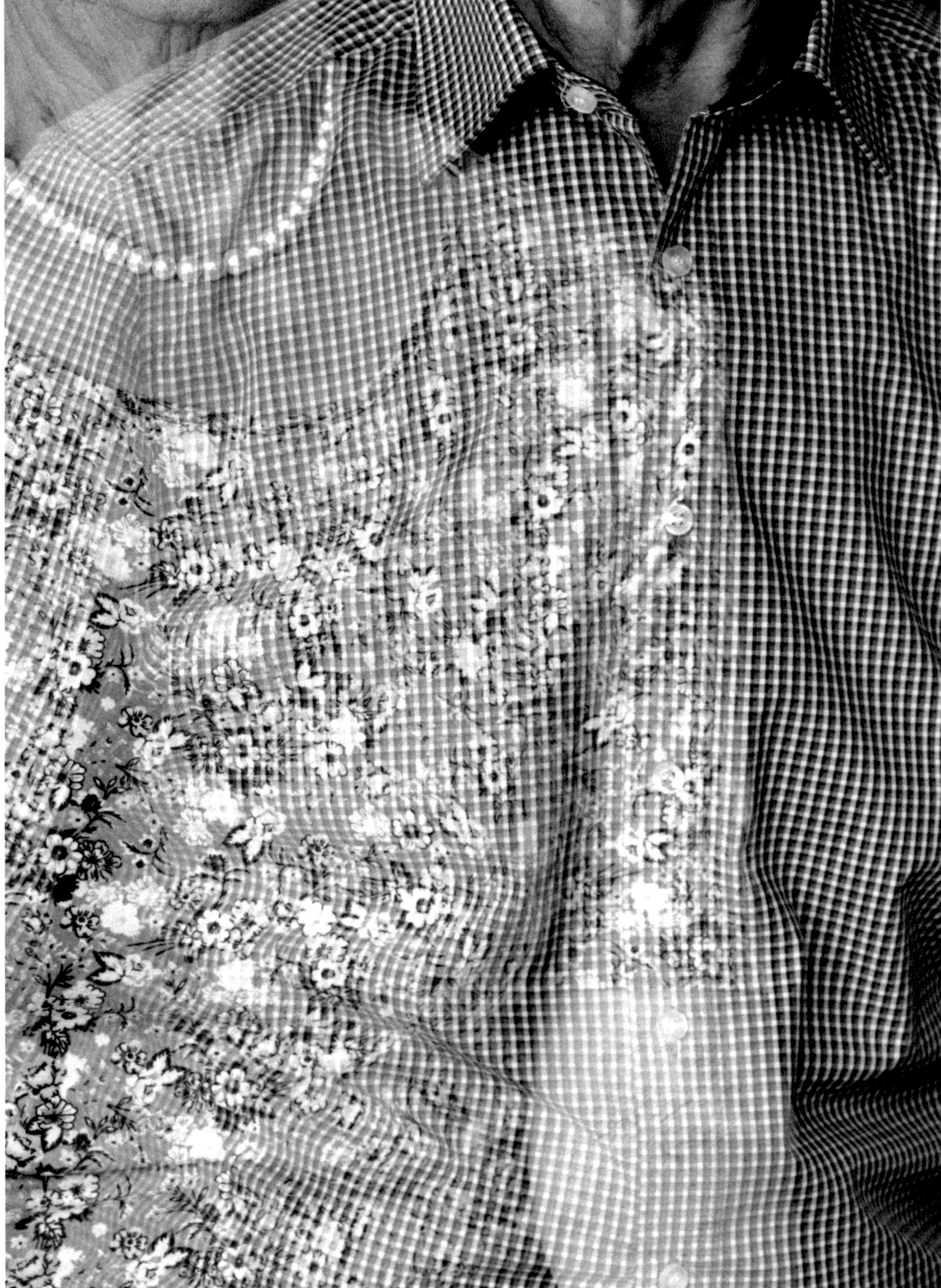

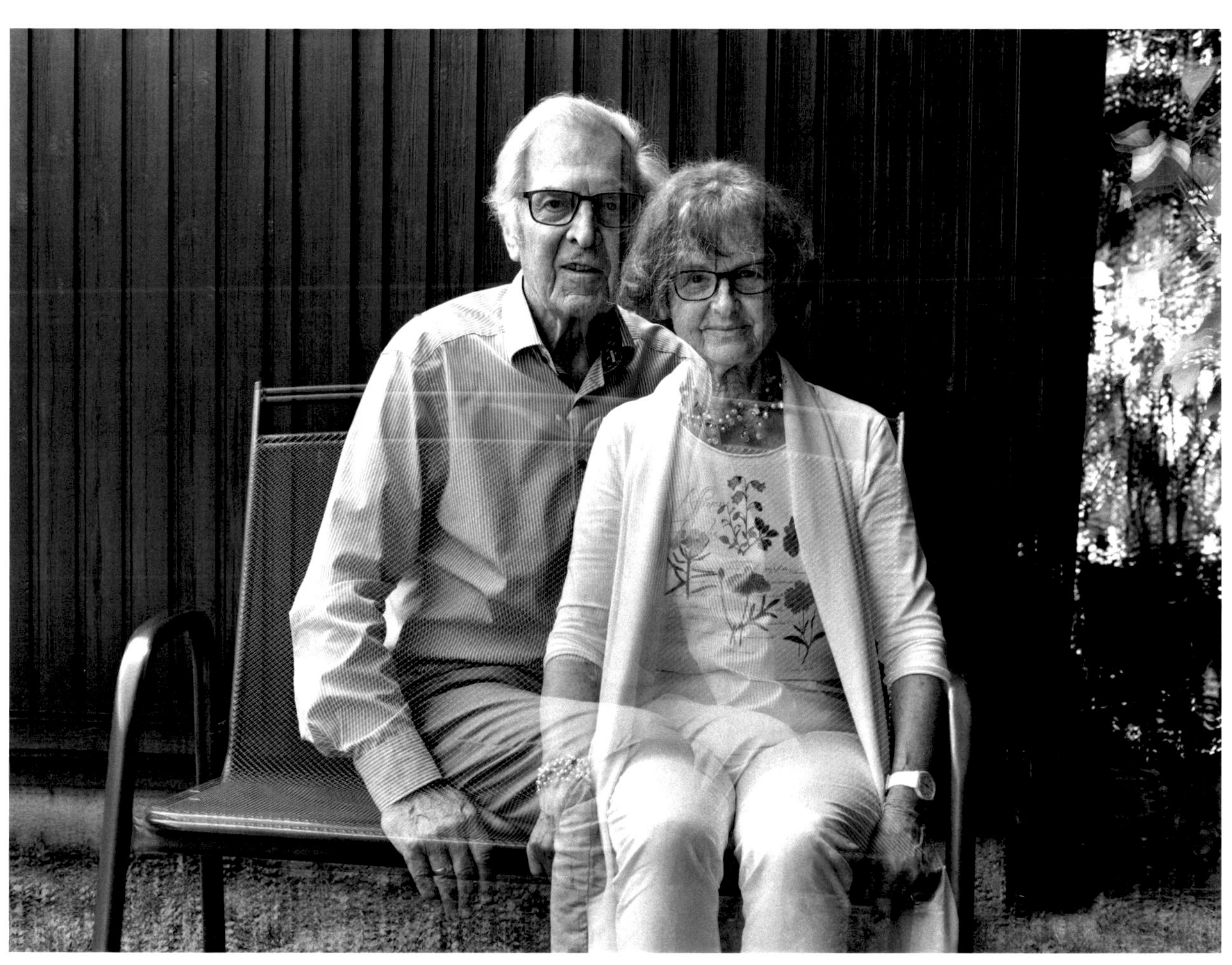

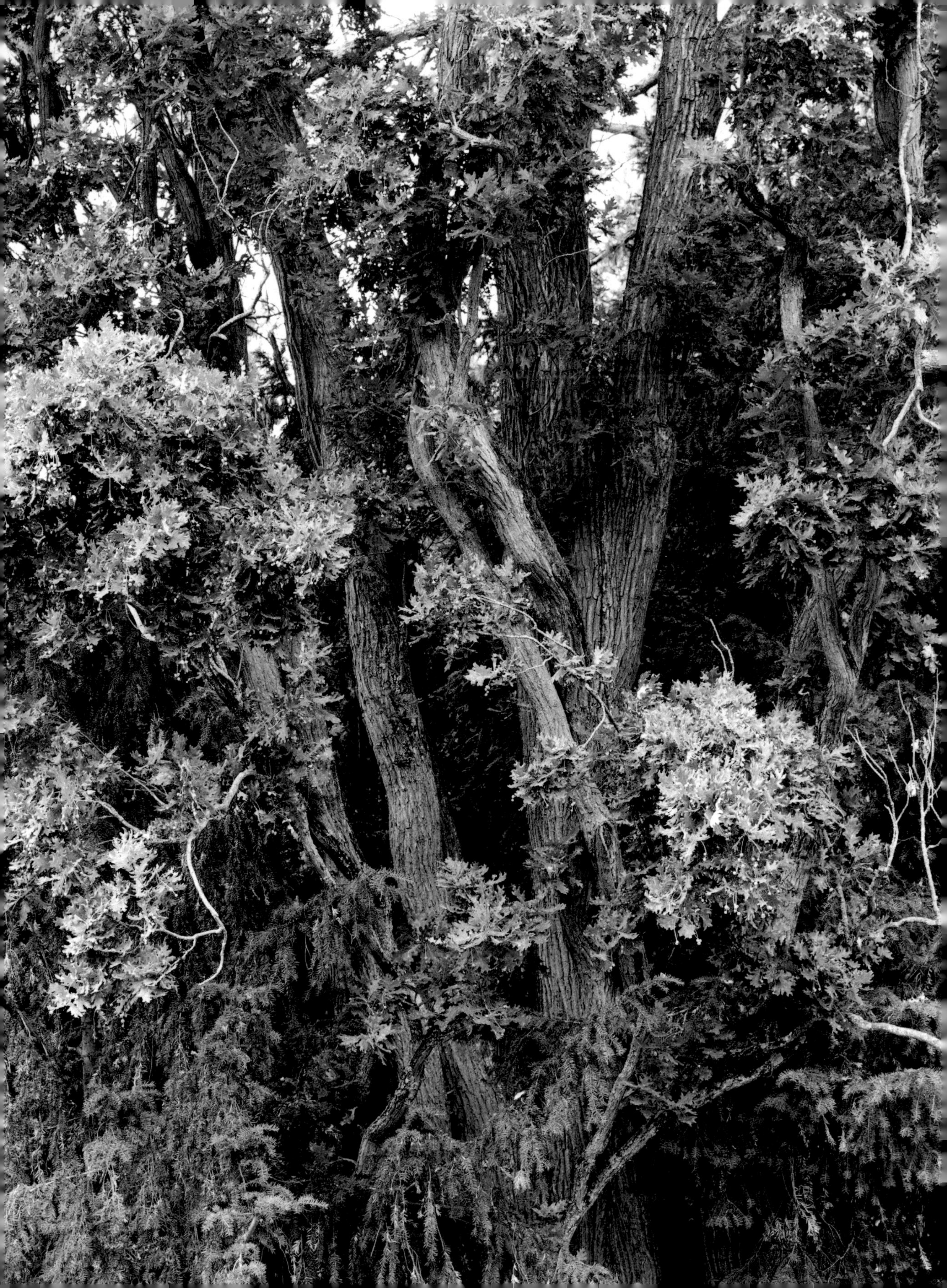

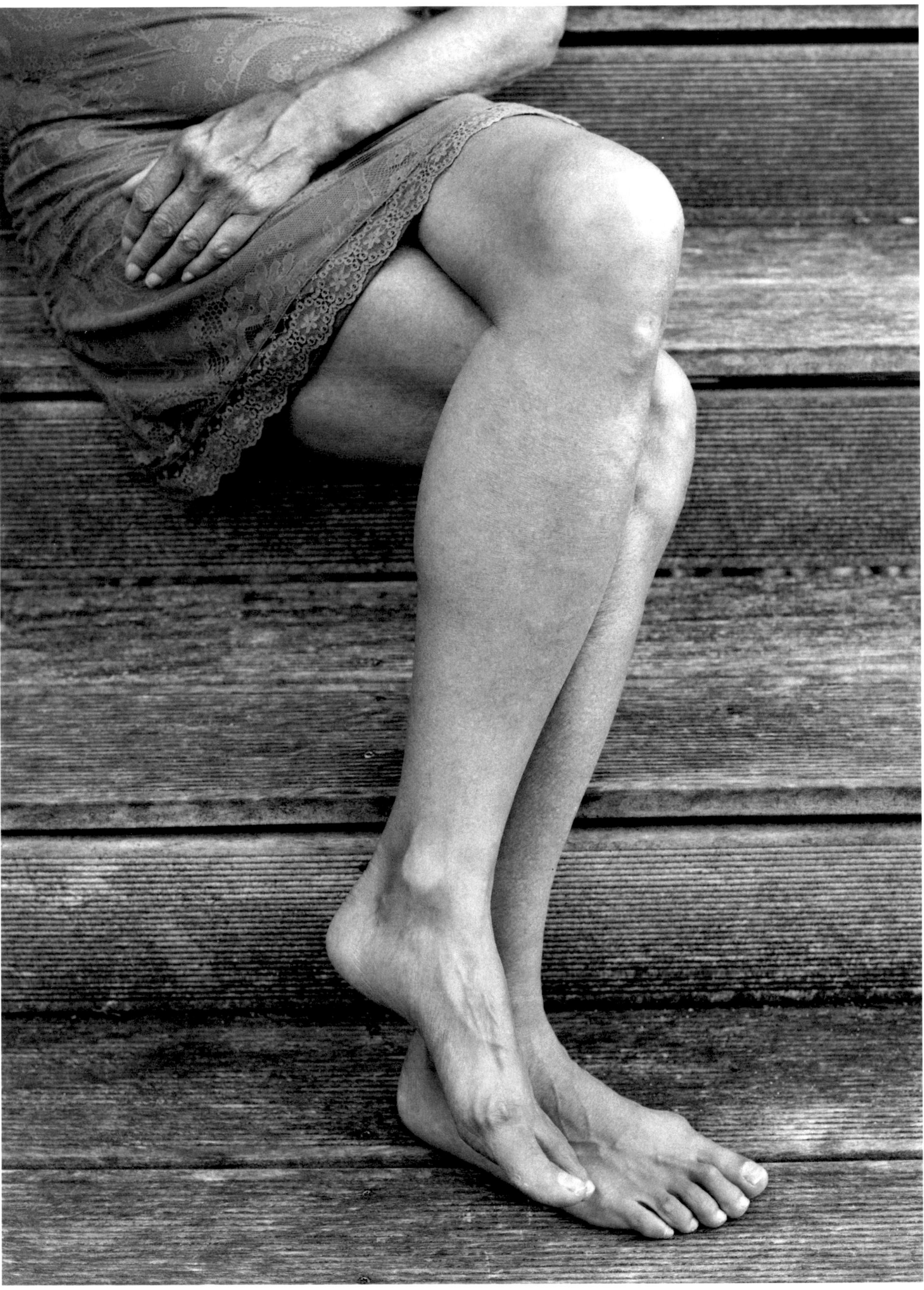

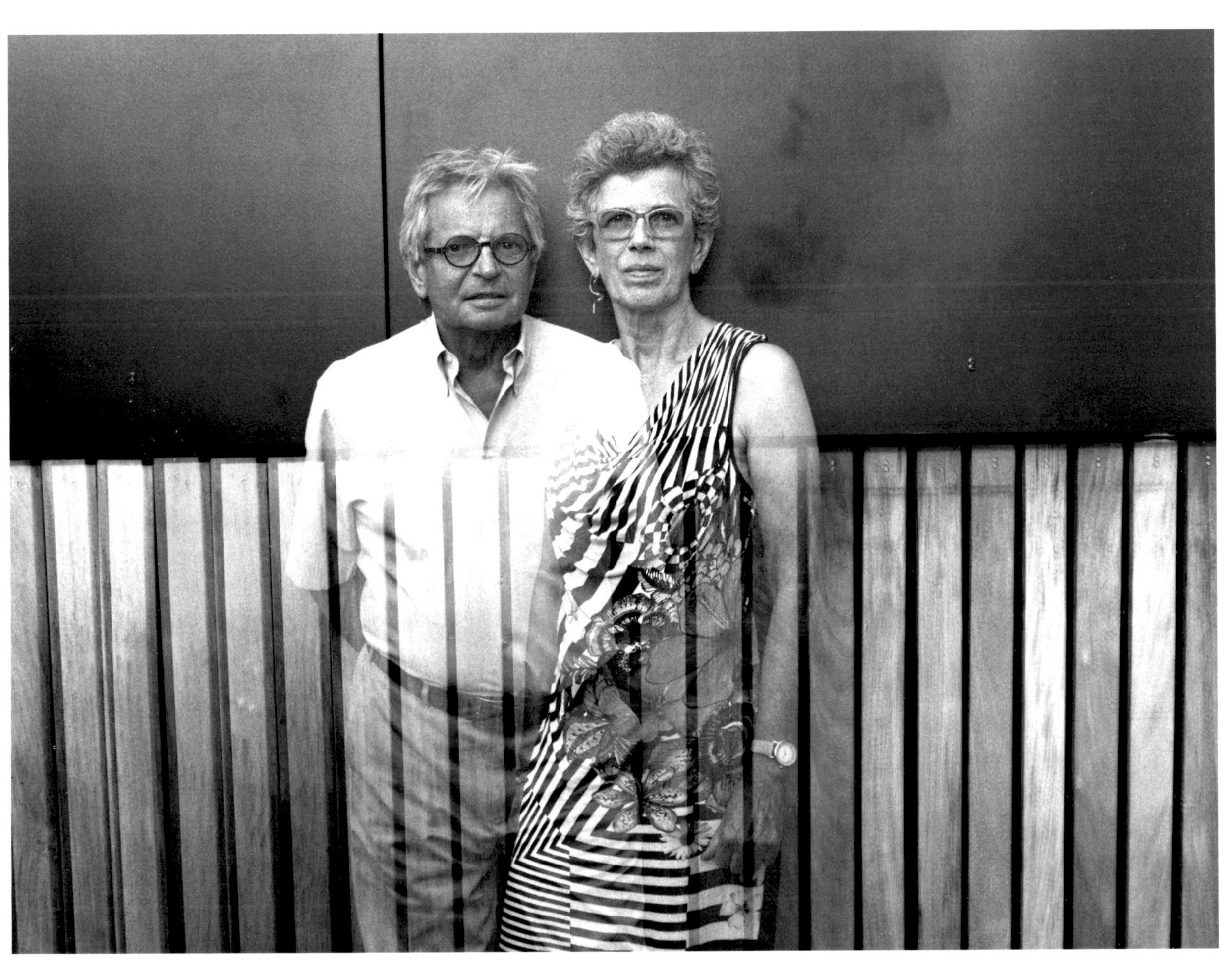

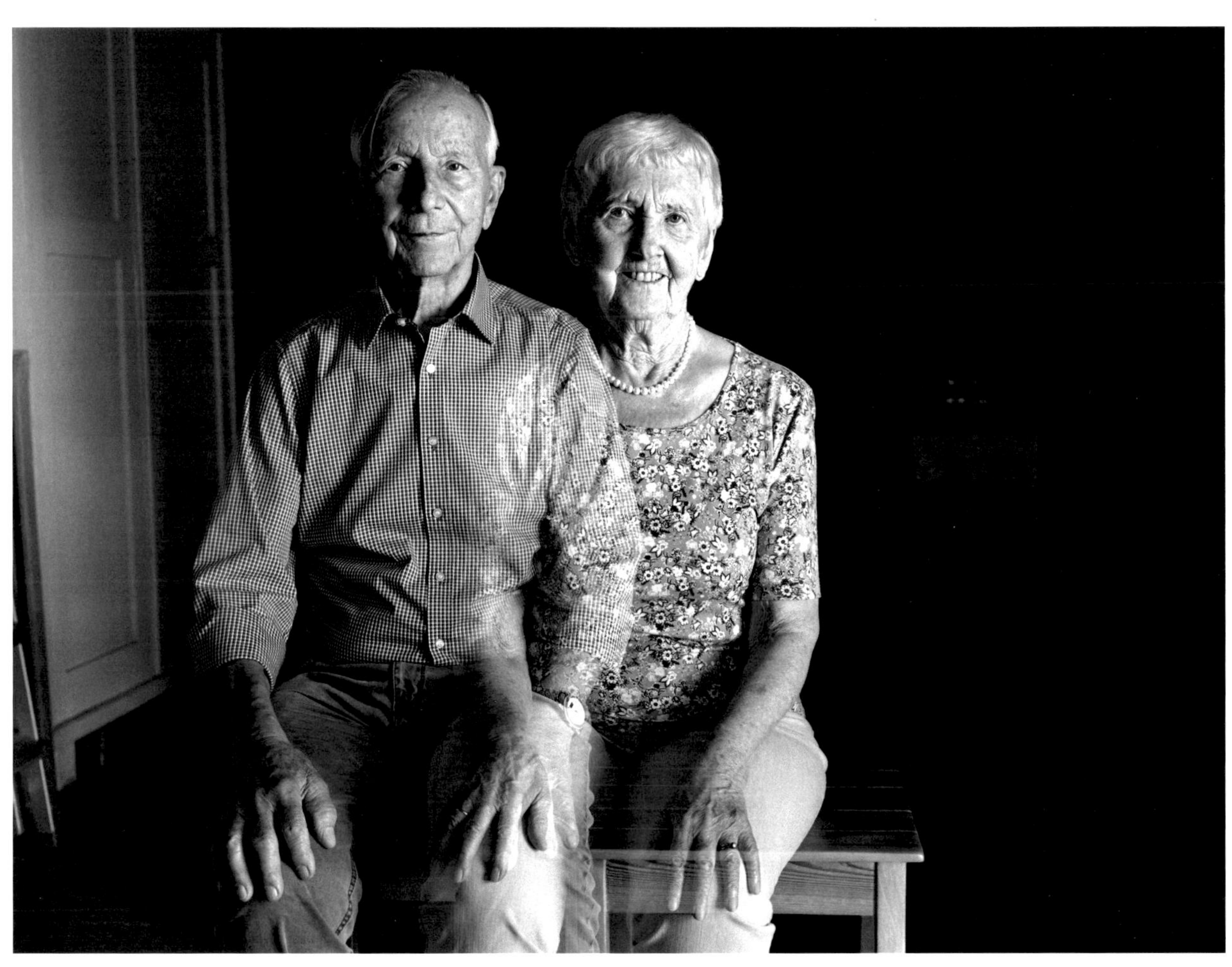

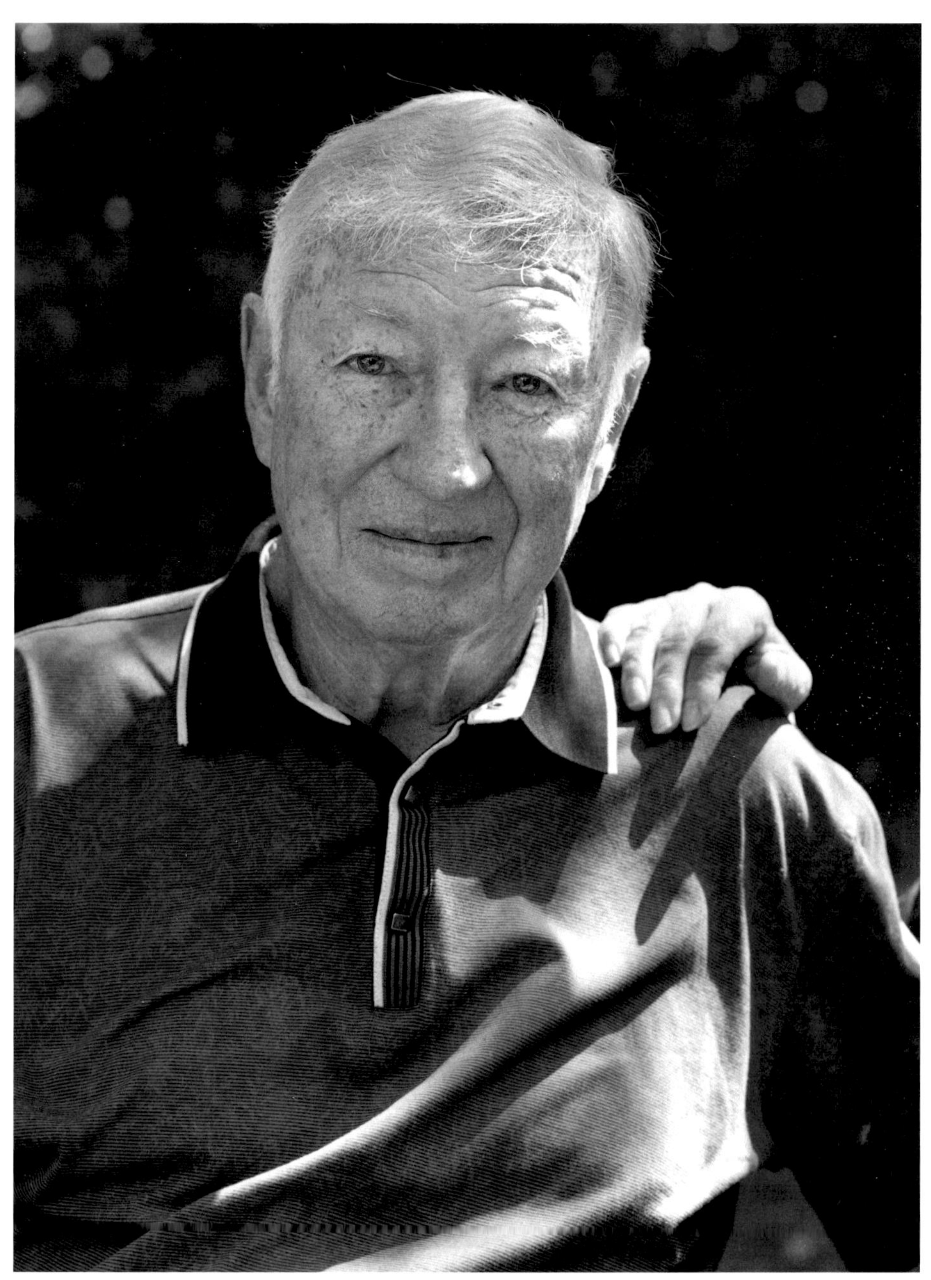

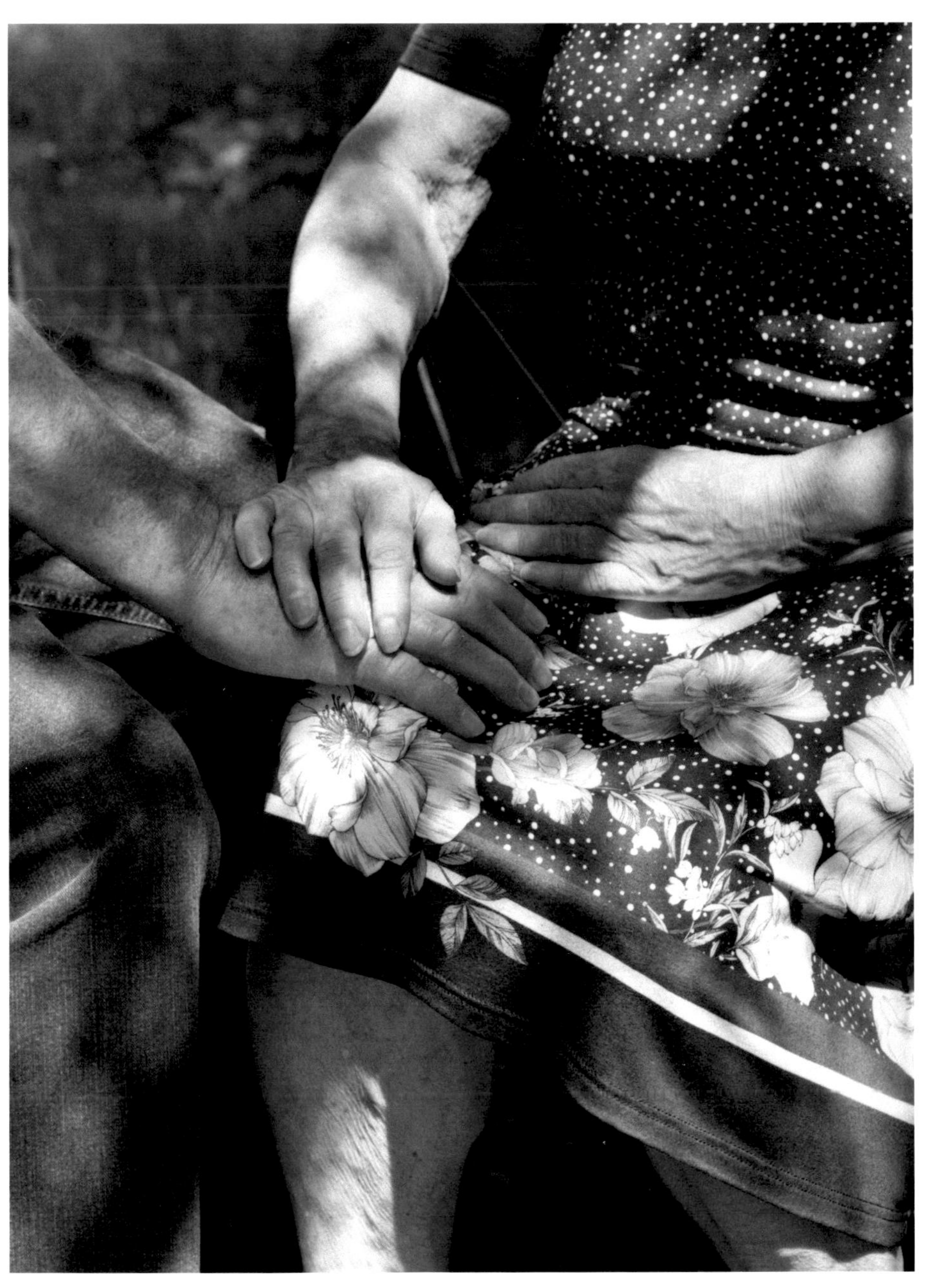

Sie hat Worte. Er keine.

Lider hat er und Finger und Sommersprossen darauf,
die einander bei der Hand nehmen und nichts
fürchten.

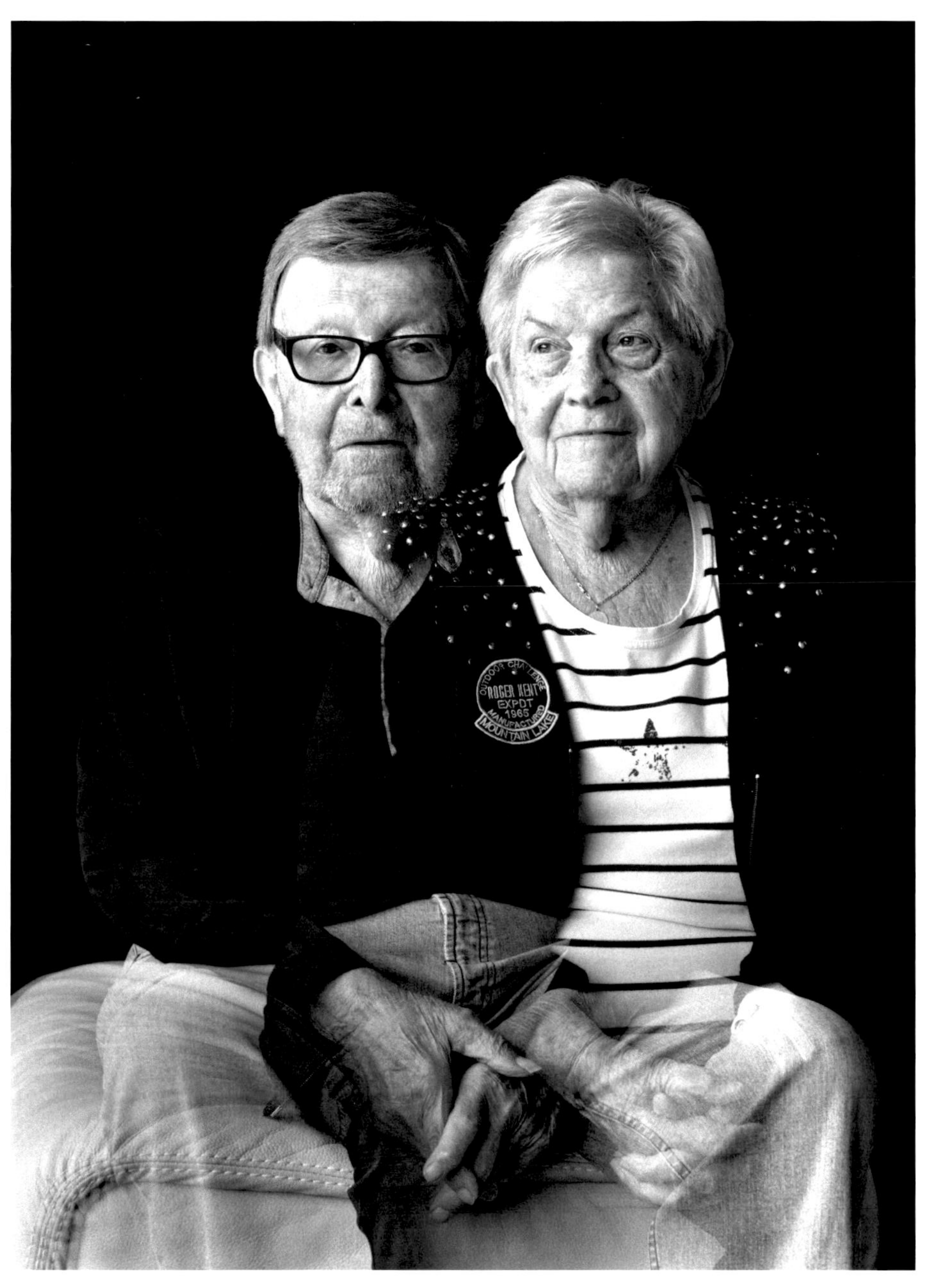
OUTDOOR
ROGER KENT
EXPDT
1965
MANUFACTURED
MOUNTAIN LAKE

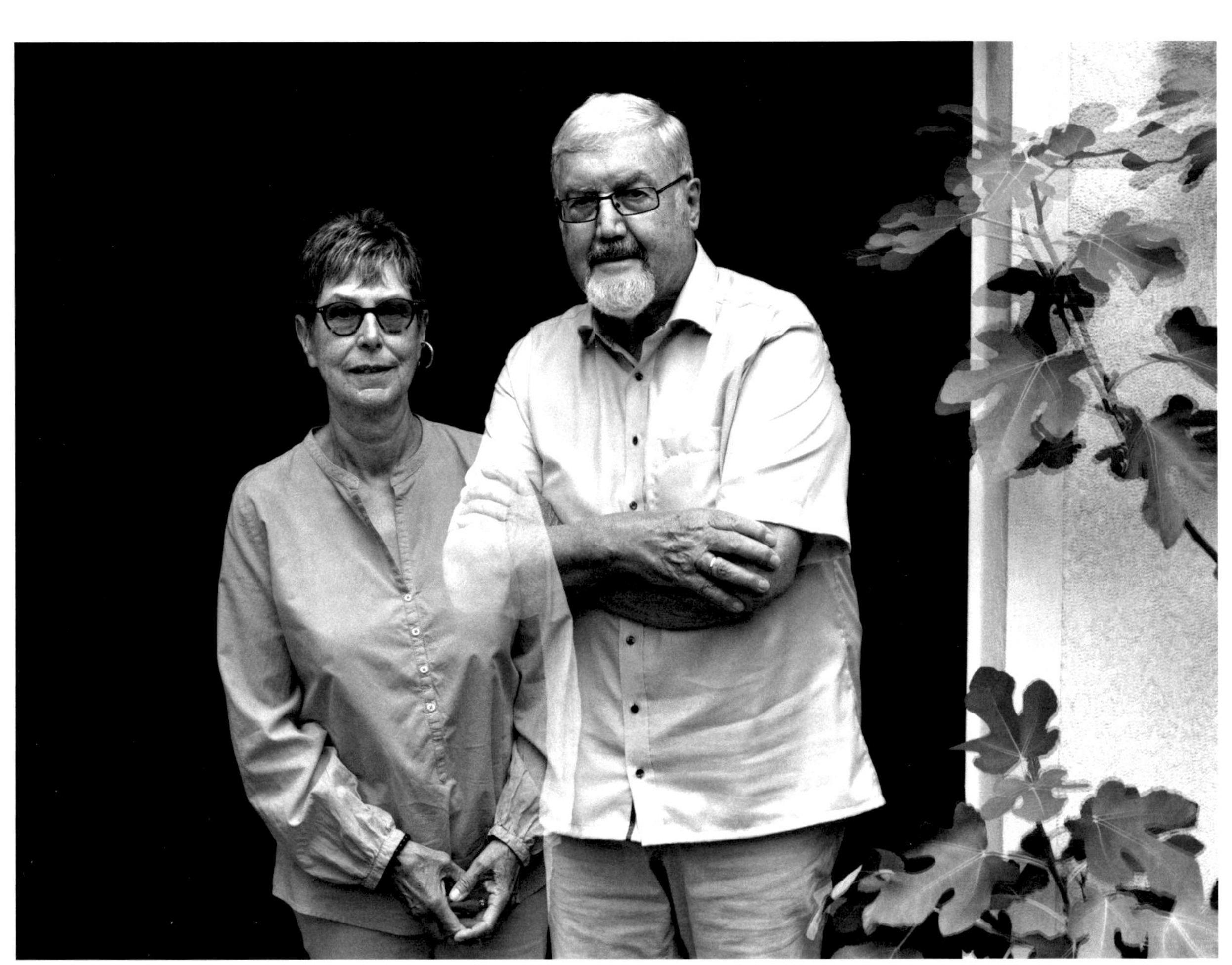

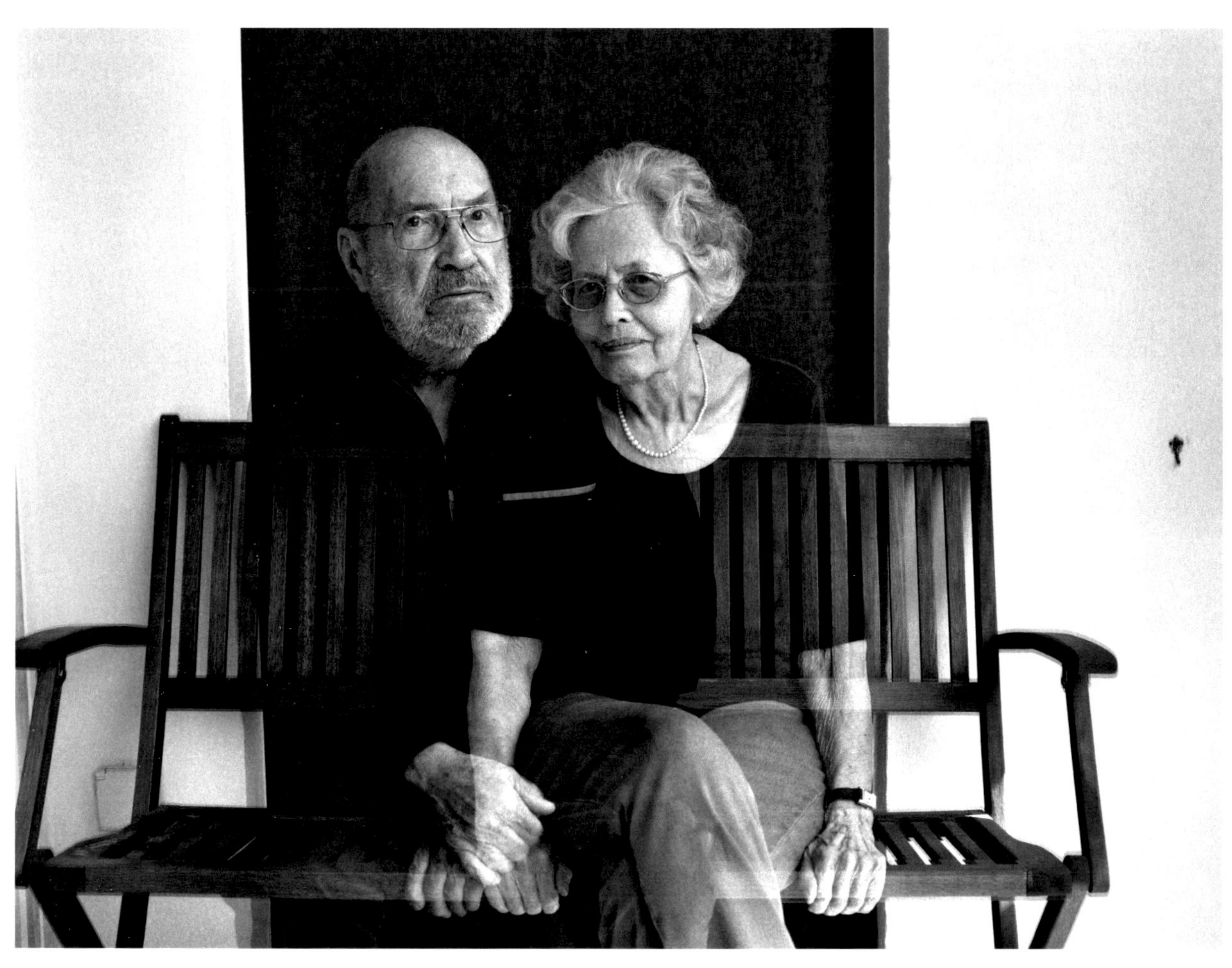

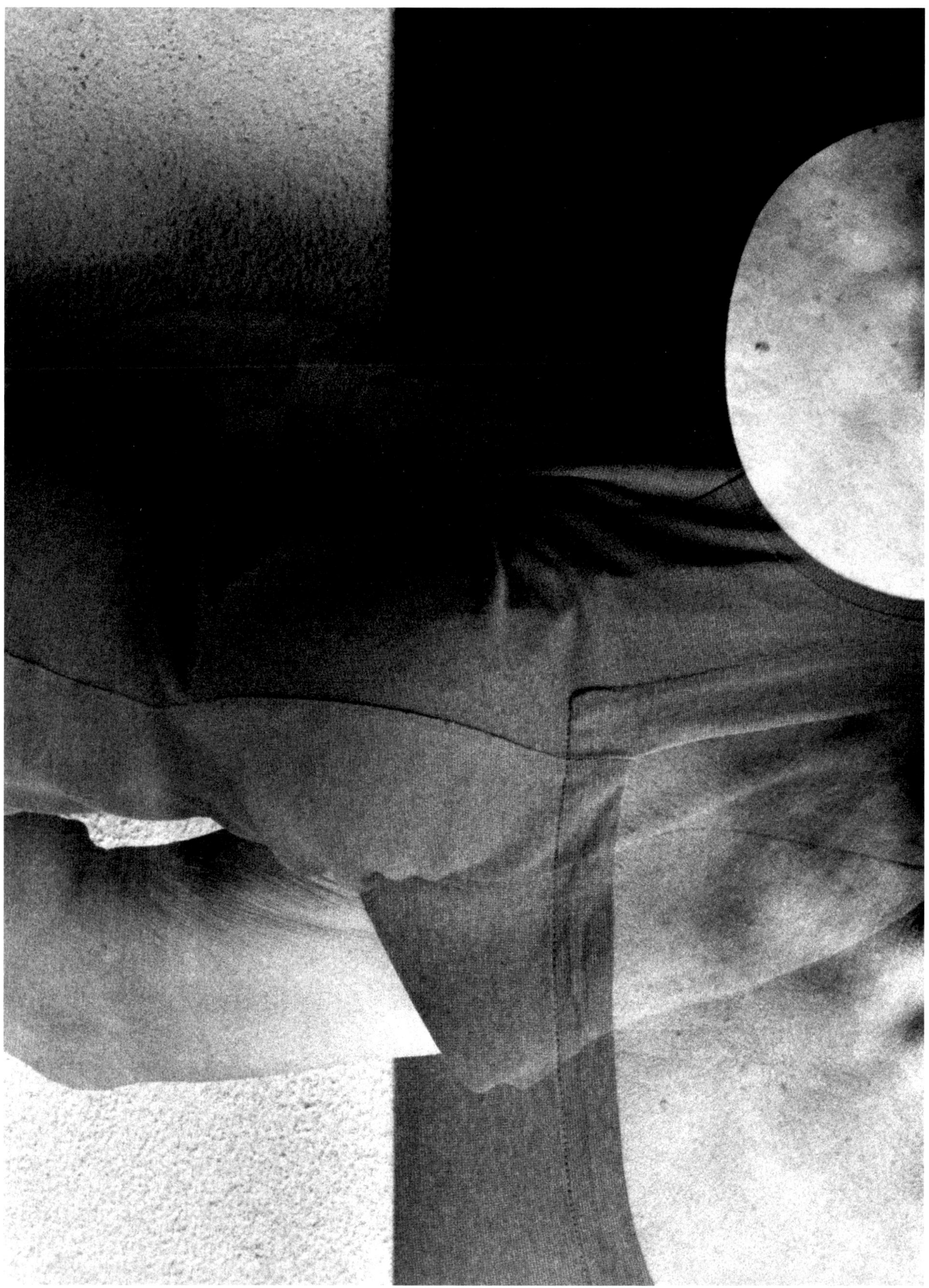

Halbmond über voller Brust
und in ihrem Schein die Drahtseilartistin.

Gesandt von ihrem Mund zu seinem,
schwankt das zarte Geschöpf hinüber, hält inne
und schreit sich gekonnt in seinen Mund.

Aprikosen will es, Aprikosen,

aus dem Garten, in dem er die Kerne schnitzt
und den langen Sommer.

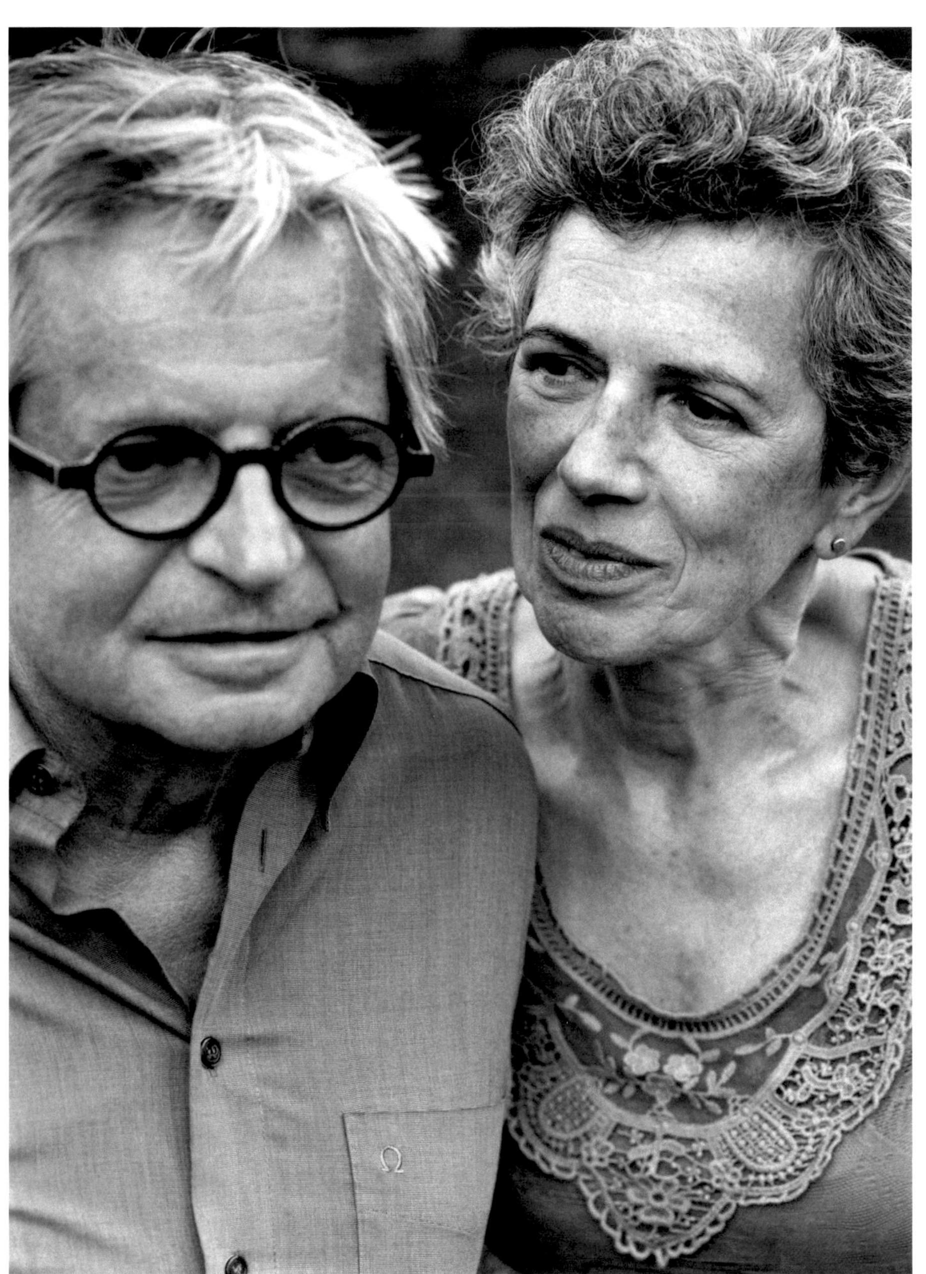

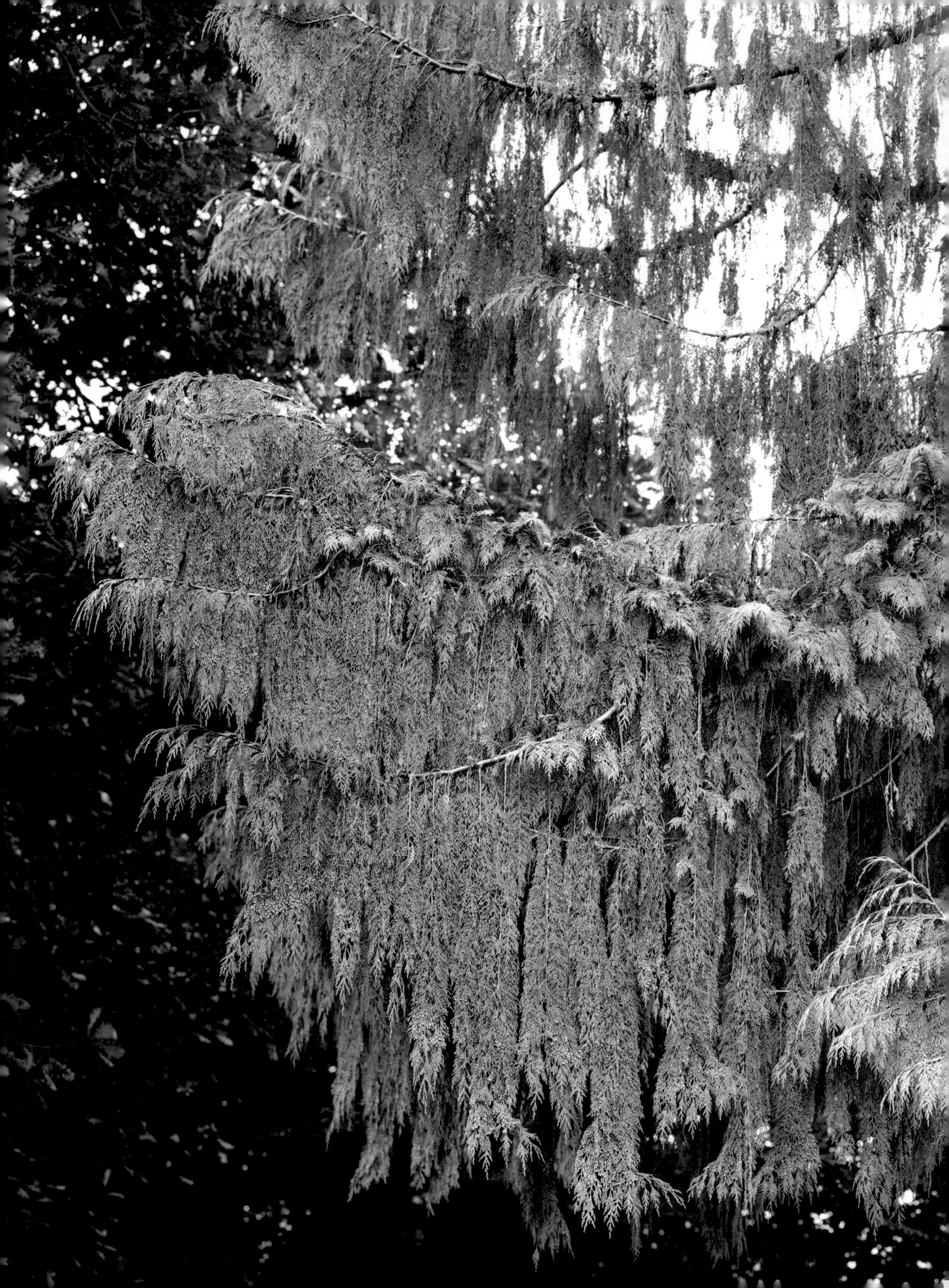

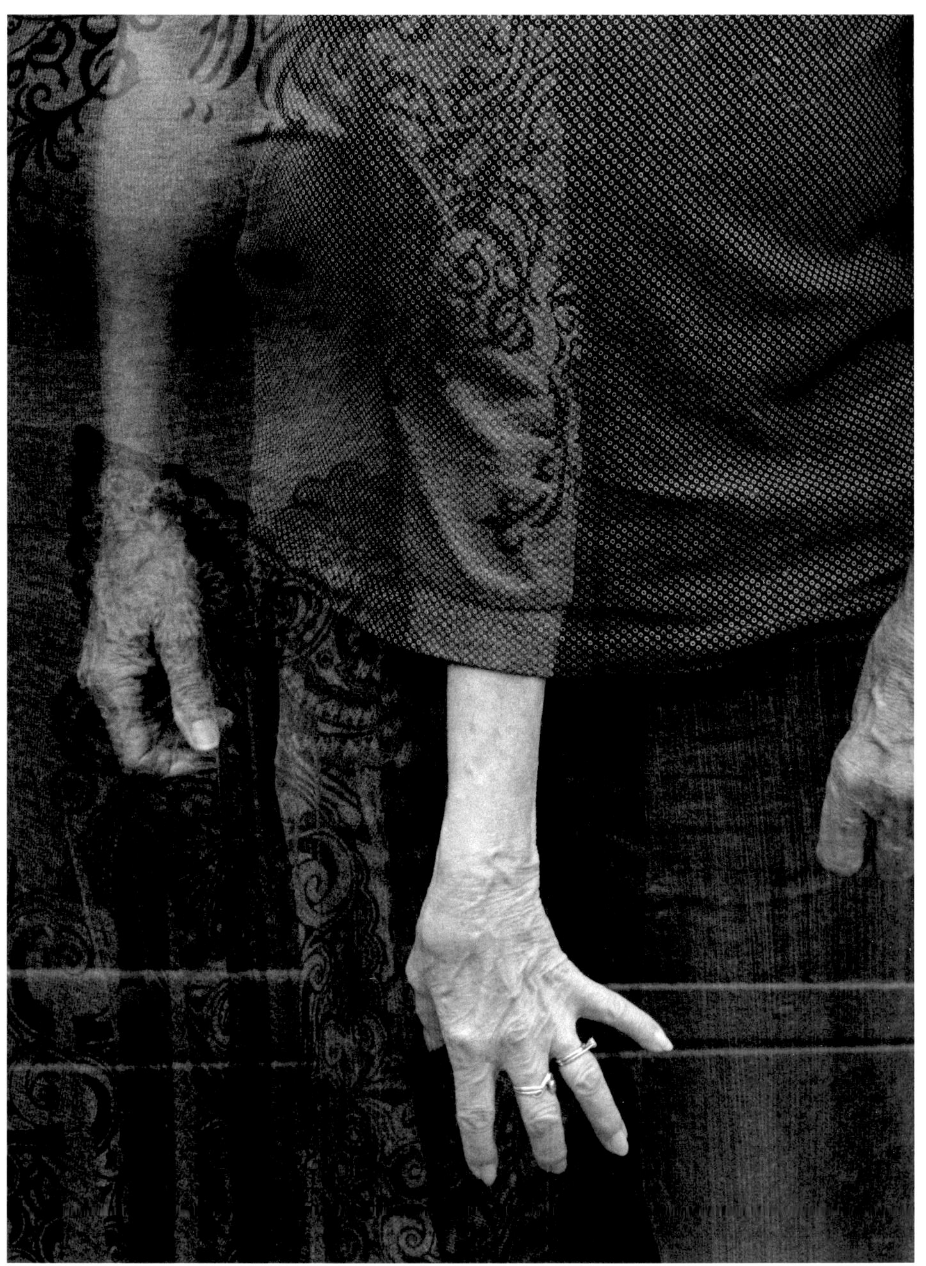

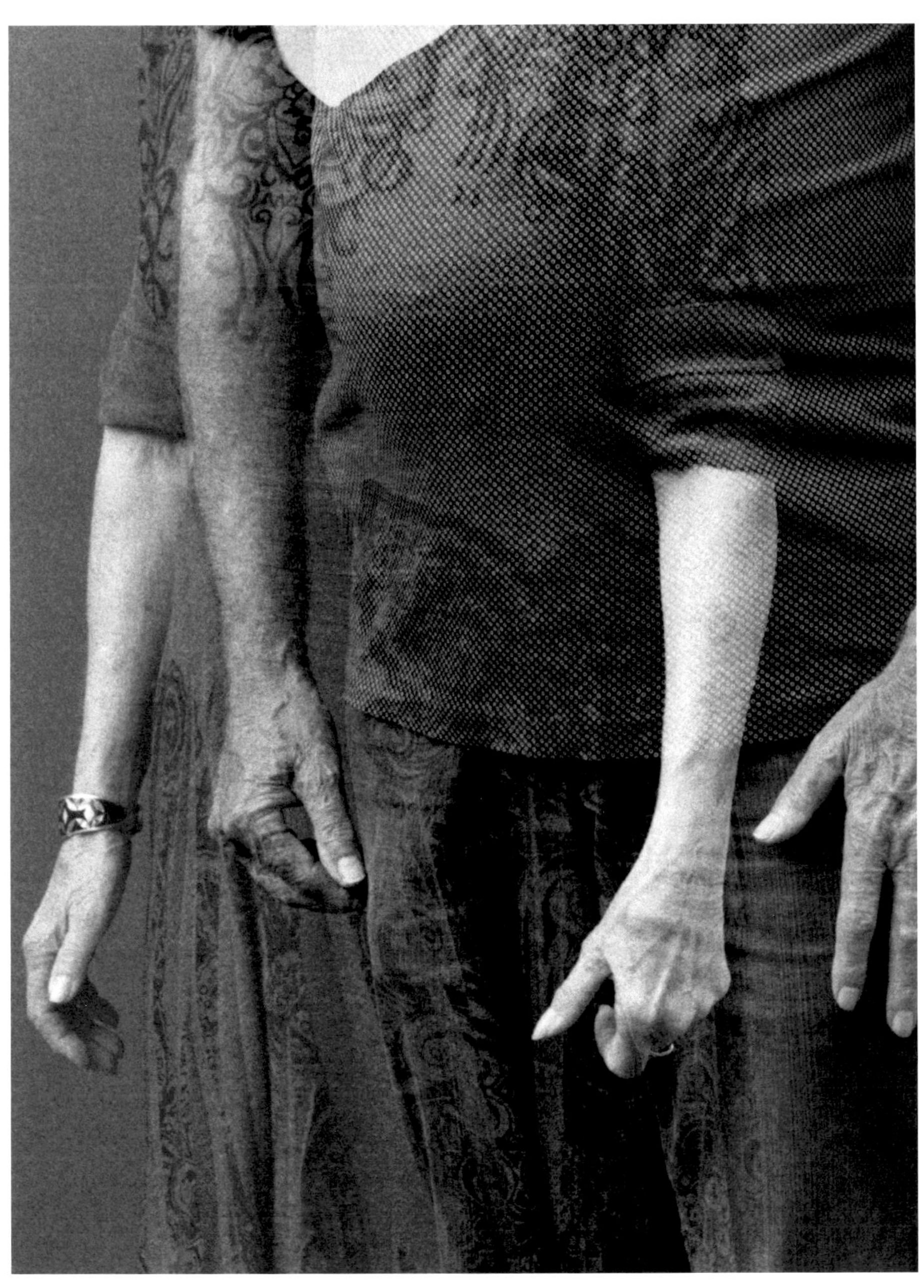

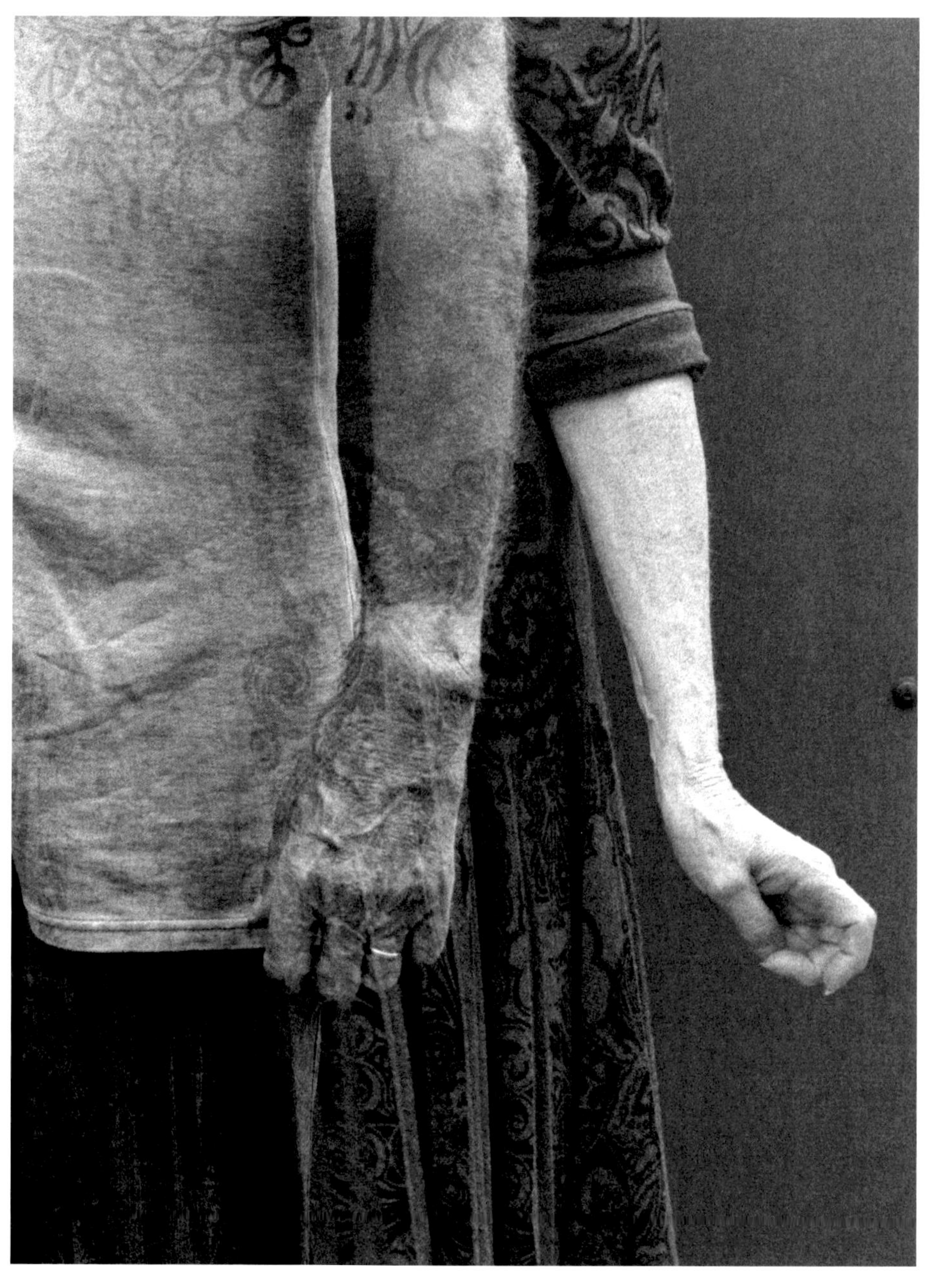

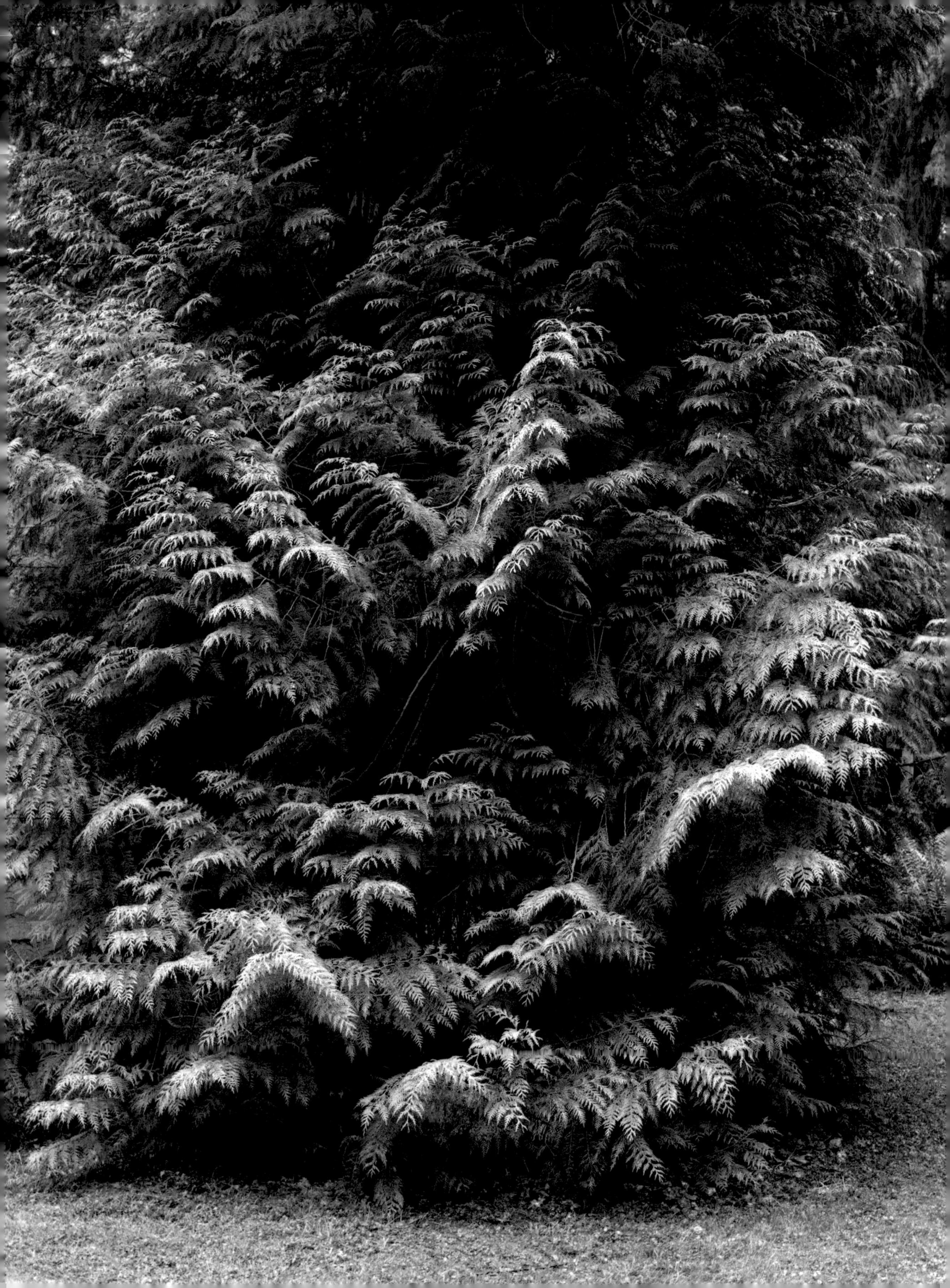

Zu mancher Stund' vergisst er sie.

An and'ren Tagen kennt er ihren Mund
und küsst ihn dutzend Mal und wild,
wie damals mit geblümten Knien
und Efeujacke auf den Schattenschultern.

Wie wilde Vögel zieh'n sie nicht mehr fort.

Sie bleiben und jonglieren die dunklen Tage
mit ebenjener Kraft,
die aus zwei Seelen manchmal eine macht.

Bezopft steht sie am Band.
Von oben naht das Glas,
von unten die Gurke.

Des Vorarbeiters Blicke bleiben
und stecken mit ihren Fingern die Gurke ins Glas.

Dann steckt ihr mich dazu,
verknallt mich und verschnallt mich,
und dann bin ich Fisch und sauer
in eurem sechzig Jahre alten Teich.

Ihr staunt so laut. Und ich bestaune euch zurück.

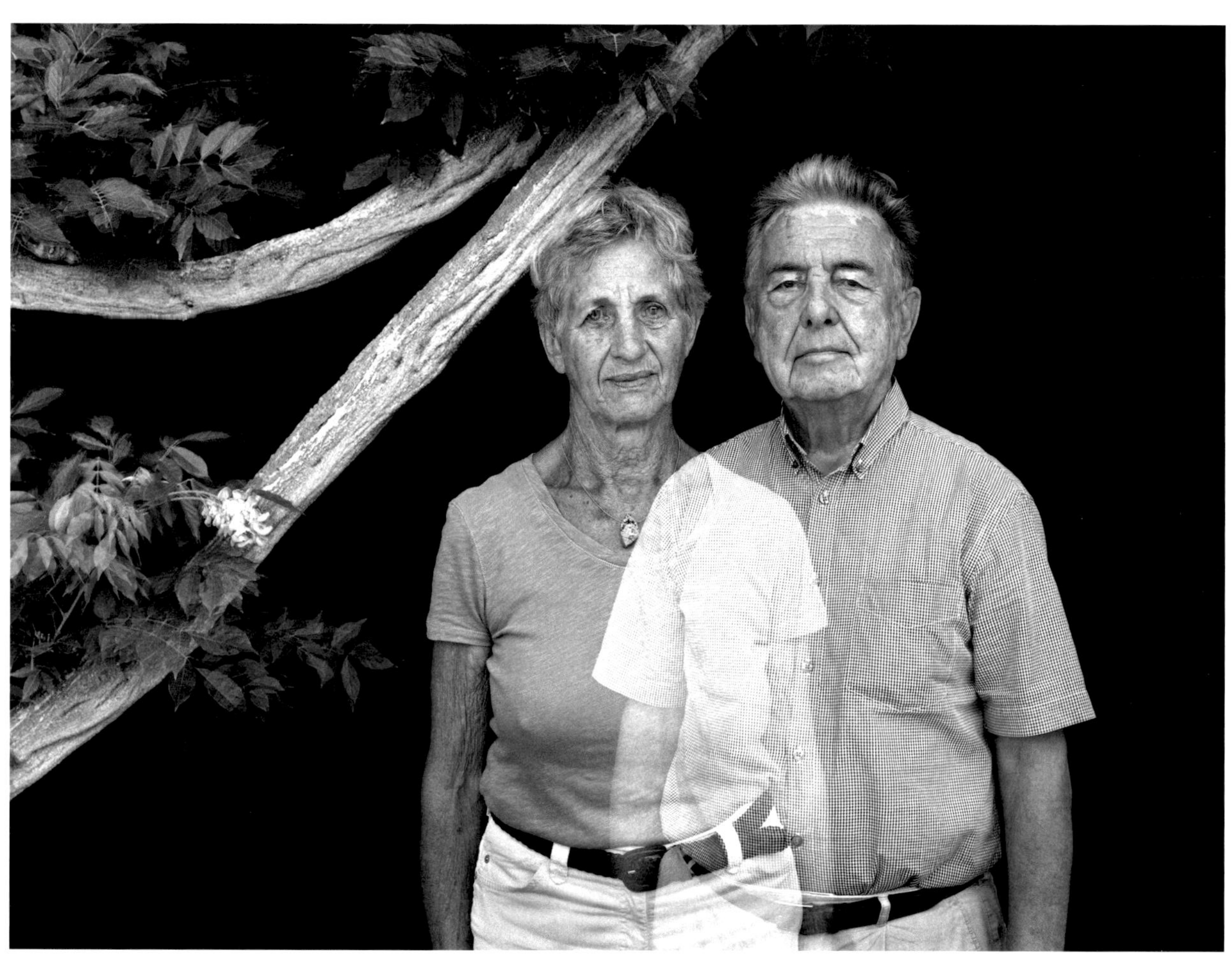

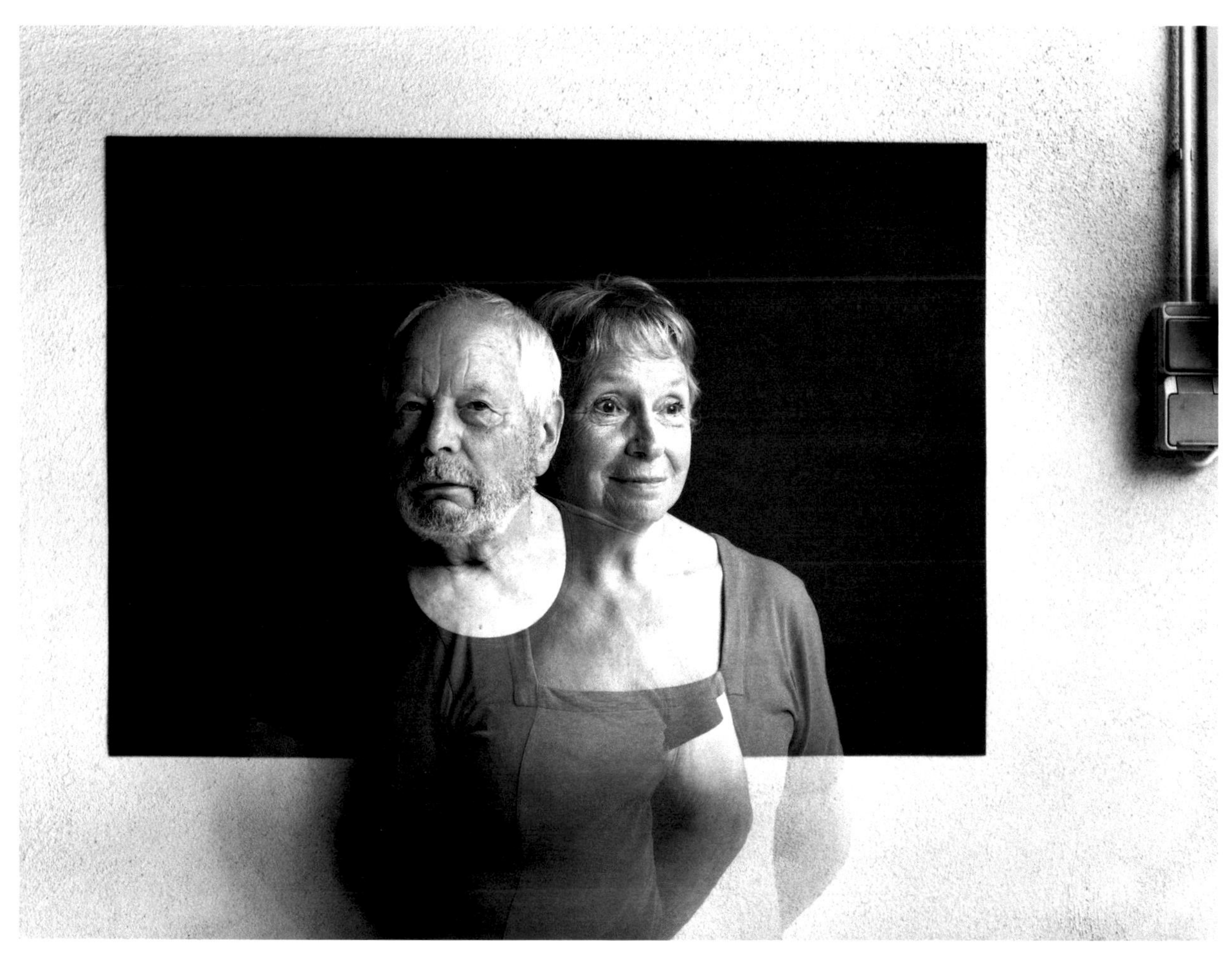

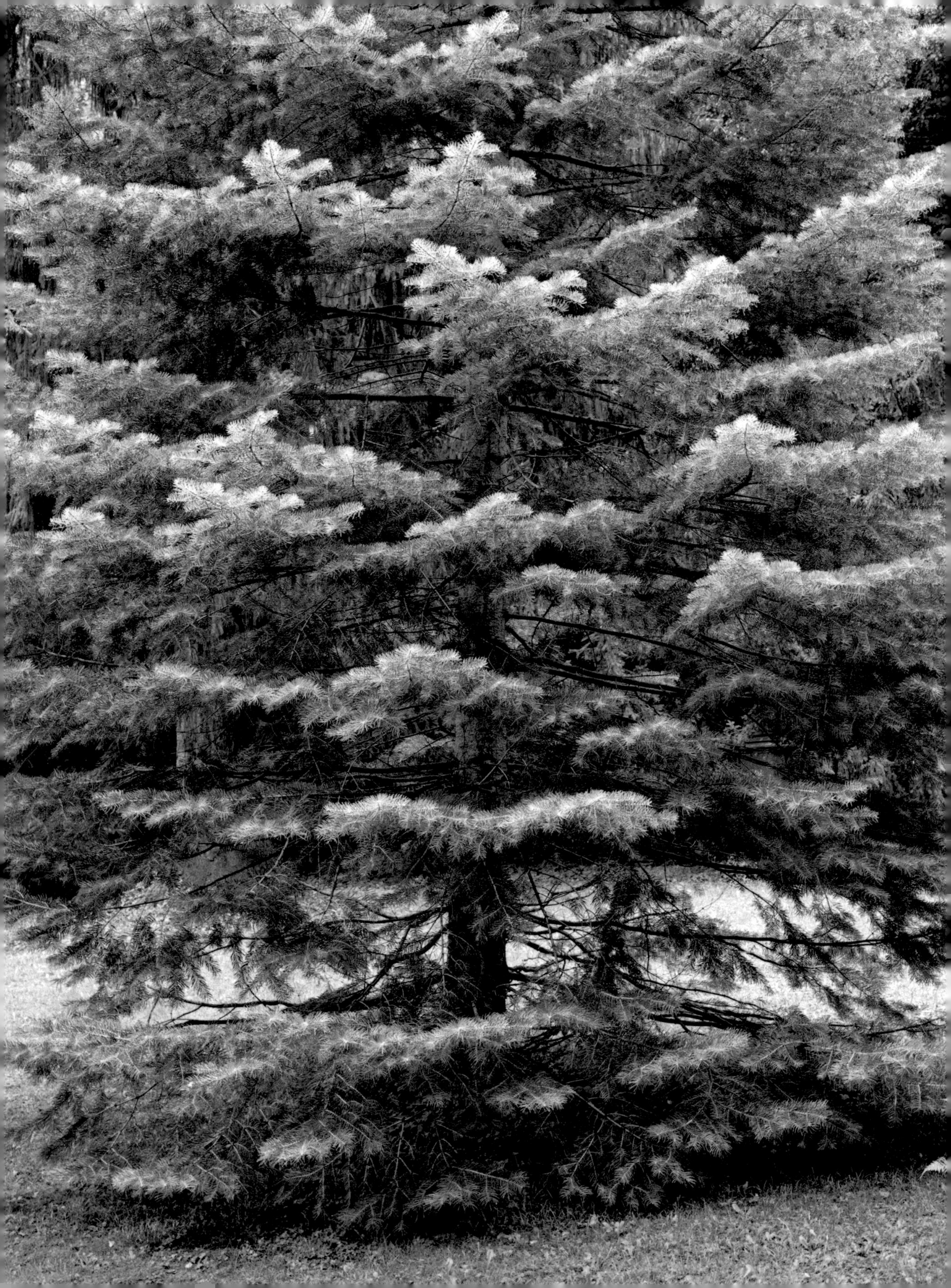

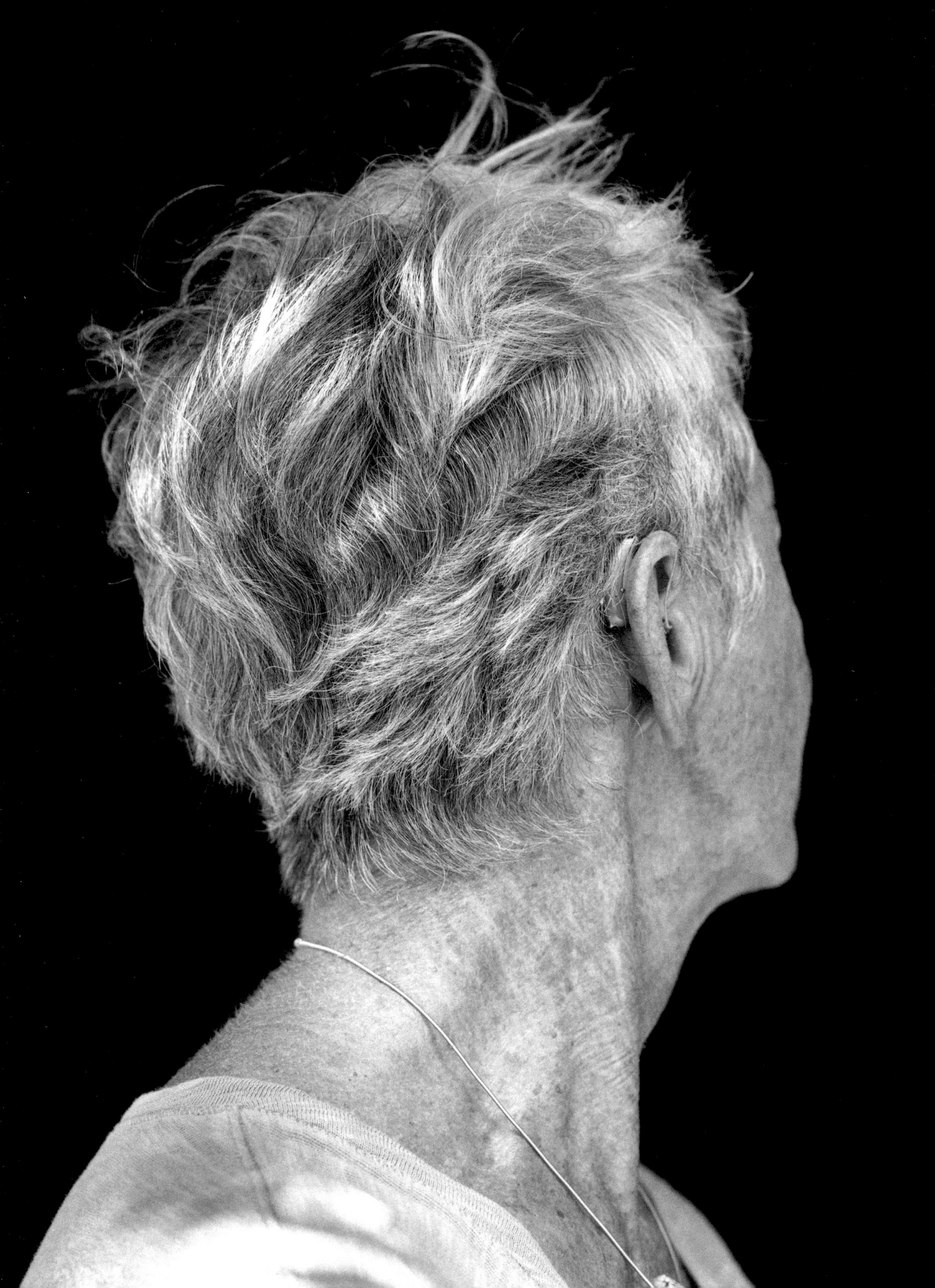

Getragen habt ihr mich
durch das Land eures Aufbruchs
und die Weite eures Ankommens

wie einst der Vater
auf geradem Rücken und Füßen,
denen die Karpatenkiesel Muster zuflüsterten.

Gefüttert habt ihr mich
am sommerlichen Tisch.

Klein und hungrig saß ich bei euch.
Ihr zwei zu meiner Linken
und zur Rechten Gott.
Er trug eine Himbeere als Haube
und lachte am lautesten.

Dem Schwinden unseres Tages
applaudierten wir zu viert.

VERDICHTETES LEBEN

Im Sommer des Jahres 2020 kommt die Berliner Künstlerin Loredana Nemes auf Einladung des Ludwigsburg Museums in die Stadt, um eine neue Arbeit zu realisieren. Es ist nicht ihr erster Besuch. Sie kehrt nach Ludwigsburg zurück, wo im Frühling 2012 ihre Serie *Blütezeit* entstand und ihre Tochter Alma in der Gästewohnung der Karlskaserne die ersten Schritte machte. Während Nemes das Heranwachsen ihrer Tochter begleitete, beobachtete sie eine ebensolche Zeit des Aufbruchs in ihrer Umgebung: Auf Schulhöfen oder im Park fotografierte sie mit ihrer analogen Mittelformatkamera Jugendliche kurz vor dem Erwachsenwerden und die beginnende Baumblüte. Ihre Porträts von Heranwachsenden, die mit geschlossenen Augen im Gras liegen, evozieren den Zeitpunkt unmittelbar vor dem Erwachen. Ihre aus Einzelporträts zusammengestellten Gruppenbilder sind Momentaufnahmen einer Freundschaft oder ersten Liebe. In der Gegenüberstellung der Aufnahmen junger Menschen mit erblühenden Kirsch- oder Magnolienbäumen hat sie der flüchtigen Schönheit dieser frühen Lebensphase Ausdruck verliehen.

Fast ein Jahrzehnt später wendet sich Loredana Nemes nun dem dritten Lebensalter zu und fragt: „Wie macht man das Bleiben und Immerlieben?“ In einer Zeit, in der die Begegnungen mit anderen zum Schutz vor Ansteckung mit dem Coronavirus stark eingeschränkt sind, nimmt sie ältere Liebespaare in den Blick und damit eine Generation, die als besonders ansteckungsgefährdet gilt. Mit ihrem Projekt *Immergrün* leuchtet sie den Reiz und die Kraft des Beständigen aus und setzt einen Kontrapunkt zum schnell vergänglichen Moment der Adoleszenz als Thema ihrer Serie *Blütezeit*. Doch wie schon einige der frühen Ludwigsburger Arbeiten stellen auch die neuen Bilder den Menschen in Beziehung dar. Zudem knüpft sie mit ihrem aktuellen Werkzyklus kompositorisch an *Blütezeit* an und findet für die Porträtierten eine Entsprechung in der Natur. Sie stellt den Bildnissen langjähriger Paare Porträts ganzjährig grüner Pflanzen und eigene lyrische Texte zur Seite.

Ihre Zeit als *Artist in Residence* ist kurz bemessen: Zwischen Mai und September 2020 kehrt Loredana Nemes dreimal für jeweils zwei Wochen nach Ludwigsburg zurück. Ihre Motive entdeckt sie schnell: Das Fenster ihrer Unterkunft öffnet sich zum Alten Friedhof hin und lenkt ihren Blick auf das dichte Grün mit Nadelhölzern, dazwischen Herzblattlilie oder Johanniswedel. Die Liebenden im Alter von Ende Sechzig bis Mitte Neunzig melden sich bei ihr auf einen Zeitungsaufruf hin. Während sie für ihre Aufnahmen zu *Blütezeit* Jugendliche spontan auf der Straße angesprochen hatte, plant sie jetzt, alle Interessierten zu porträtieren – auch ohne sie zuvor gesehen zu haben. Sie trifft vierzehn Paare. Mit großer Offenheit und Empathie nimmt Nemes sie für sich ein. Bei der ersten Verabredung erzählen sie aus ihrem Leben und von ihrer Liebe. Die Künstlerin zeichnet die Gespräche auf und hört sie sich wieder und wieder an, um die Zweisamkeit in ihren unterschiedlichen Facetten zu verstehen. Erst bei weiteren Treffen fotografiert sie Astrid und Wolfgang, Barbara und Günter, Berthel und Hans, Elfriede und Uli, Elisabeth und Waldemar, Helga und Siegfried, Ilse und Wolfgang, Marie-Luise und Winfried, Monique und Gottfried, Roswit und Helmut, Ruth und Manfred, Suse und Heinz, Waltraud und Siegfried sowie Wilma und Gerhard.

Die Partner porträtiert Loredana Nemes im vertrauten, innigen Miteinander, das in einem liebevollen Blick oder einer Geste der Berührung sichtbar ist. Sie fokussiert auf Gesichter, Hände, Beine oder einen Nacken und spürt, selbst einer Liebenden gleich, der Schönheit des Alters nach, die sich in diese wie in eine Landschaft eingeschrieben hat. In der Aufnahme *Marie-Luises Nacken* wendet sich die Porträtierte vom Betrachter ab und in das Dunkel des Raums. Der anmutige Nacken mit feinen Fältchen und zarter Silberkette zieht unseren Blick auf sich. Im aparten Kurzhaarschnitt spielt der Wind mit dem melierten Haar. Erst später fällt das kleine Hörgerät hinter dem Ohr auf. Das Motiv des verborgenen Gesichts – wie es bei den Rückenfiguren der romantischen Malerei zu finden ist oder in der zeitgenössischen Kunst bei Gerhard Richters Porträt seiner Tochter Betty – eröffnet die Möglichkeit, das Porträt gleichsam als ikonisches Bild der Anmut im Alter zu lesen, das deren Zeichen weder kaschiert noch ausspart.

Es ist das Licht- und Schattenspiel auf Haut und Haar, das die subtile Wirkung der Schwarz-Weiß-Porträtkunst von Loredana Nemes unterstreicht und seine Entsprechung in ihren Aufnahmen von Koniferen hat, in denen die feinen Grauabstufungen von Hell zu Dunkel ihren kräftigen Wuchs wie auch die Zartheit der Nadeln augenscheinlich machen. Mit Bedacht hat die Fotografin die Sommerzeit und nicht etwa den Herbst für ihren Aufenthalt gewählt. Mit Bildausschnitten und -auswahl setzt sie Pflanzenaufnahmen und Bildnisse gezielt in Analogie, was den Zyklus aus kulturgeschichtlich tradierten Lesarten des Alters befreit und die Natürlichkeit des Alterns erkennbar macht. Ihre Verse, die Nemes eigens zu *Immergrün* verfasst hat, lassen sich auf die eine wie auf die andere Motivgruppe beziehen: „… und ihr Saum fliegt hoch" kann im Katalog wie ein Bildtitel der vorangestellten Fotografie *Konifere 2* gelesen werden, deren helle Nadelspitzen die Kontur der Zweige säumen, während die Gedichtzeile auch an den Rocksaum einer Geliebten denken lässt.

Charakteristisch für das Werk *Immergrün* sind die Doppelporträts der Paare. Bei den ersten Aufnahmen im Mai – wie *Roswit mit Helmut* und *Helmut mit Roswit* – ordnet Loredana Nemes noch zwei nacheinander entstandene Porträts zu einem Diptychon. Wie schon in *Blütezeit* arrangiert sie Einzelbilder zu Gruppen mit Brüchen oder Doppelungen an den Übergängen, an denen die Interaktion zweier Menschen sichtbar wird. Erst die Bildgruppe zeigt die Wechselseitigkeit der Beziehung: Roswit lehnt sich an Helmut und Helmut ruht in Roswits Schoß. Bereits kurze Zeit später wendet sie erstmals das Verfahren der Doppelbelichtung an. Die Porträtierten treten kurz nacheinander einzeln vor ihre Kamera, der Film wird zweifach belichtet, so dass sich beide Körper im Bild überlagern: Partien, die sich scheinbar durchdringen, lassen die Partner miteinander verschmelzen. Diese Ungleichzeitigkeit macht die Werkgruppe umso eindrücklicher. Die Komposition mit ihren durchscheinenden Bildnissen erinnert an unser aller Schwinden und zugleich an die Bedeutung des Zusammenseins, das unser Leben verdichtet.

Ausschnitte der Doppelbelichtungen bilden eine eigene Motivgruppe, die als *Verdichtungen* betitelt ist. In den Fotografien ergibt sich aus der Transparenz und Durchdringung von Stoffmustern, Texturen und Körperpartien ein neues Formenspiel. Den Moment, in dem sich das Muster einer geblümten Bluse mit dem eines karierten Hemdes mischt, fasst die Künstlerin in einem ihrer Texte zum Zyklus: „Kariert ihre Blumen, / wenn er auf ihr liegt. / Dichter dann das Leben. / Grau an Grau gelehnt." Sprache gibt ihr eine weitere Ausdrucksmöglichkeit, sich ihrem Thema der langjährigen Liebe zu nähern und sie zwischen den Antagonisten Eros und Thanatos zu verorten. Die Texte sind Collagen und Essenzen ihrer Erinnerungen an die verschiedenen Begegnungen, aber auch Reflexionen eigener Sehnsüchte.

Loredana Nemes stellt in *Immergrün* das beziehungsbegabte Individuum in den Fokus und wendet sich dem Phänomen der Liebe im Alter als einer lustvollen Perspektive für das eigene Leben zu. Ihre Bildsprache macht eine Lebenswirklichkeit sichtbar, aus der sich Allgemeingültiges herauskristallisiert. Die konkrete Beobachtung wird dabei in eine zeitlose Ambivalenz überführt. Alle Motive visualisieren eine Dualität von Stärke und Zartheit: Die Paare scheinen der Zeit zu trotzen, das kräftige Grün kann alle Jahreszeiten überdauern, und doch lässt das facettenreiche Hell-Dunkel die Feinheit der Haut oder des Nadelwerks aufschimmern. Aus den Texten spricht Sinnlichkeit und Lebensfreude, während der Tod als Perspektive benannt ist.

Acht Jahre nach *Blütezeit* führt Loredana Nemes ihr Projekt mit der Ausstellung *Immergrün* fort. Die Ludwigsburger Zyklen sind nicht nur durch ihre kurzen Entstehungszeiten und den experimentellen Umgang mit fotografischen Techniken vergleichbar, sondern insbesondere dadurch, dass in beiden das persönliche Erleben eine entscheidende Rolle spielt. Mit dem gleichen Respekt, den sie der Jugend entgegenbringt, begegnet die Künstlerin dem Alter. Erst im Bezug beider Arbeiten aufeinander wird das Alter als lebenslanger Prozess erkennbar.

Immergrün ist ein ungewöhnliches Zeugnis der Corona-Pandemie im Sommer 2020: In der Zeit des *Social Distancing* berühren uns die Fotografien von Loredana Nemes durch die darin offensichtliche zwischenmenschliche Nähe. Aus den Porträts spricht das Vertrauen, mit dem die Paare der Fotografin gegenübergetreten sind und sie zur Zeugin ihrer Liebe gemacht haben. Es sind Bilder für die Kraft des Alters wie für die einer langjährigen Beziehung zweier Liebender, in der sich das Leben verdichten kann.

Das Schlussbild des Zyklus *Liliana und Vasile* zeigt die Eltern der Künstlerin. Es schließt den Kreis einer biografisch motivierten Suche nach einer möglichen Liebe im Alter und verdeutlicht, wie Loredana Nemes in Ludwigsburg fündig wird und Porträts zu repräsentativen Bildern anreichert. Denn erfährt nicht jeder das eigene Älterwerden am deutlichsten durch seine alternden Eltern? Indem jeder das Altern als unumkehrbaren Prozess erlebt, kann es uns nicht nur bevorstehende Verluste, sondern ebenso die Liebe zu den Eltern, zum Leben und zur Liebe selbst vor Augen führen.

Alke Hollwedel

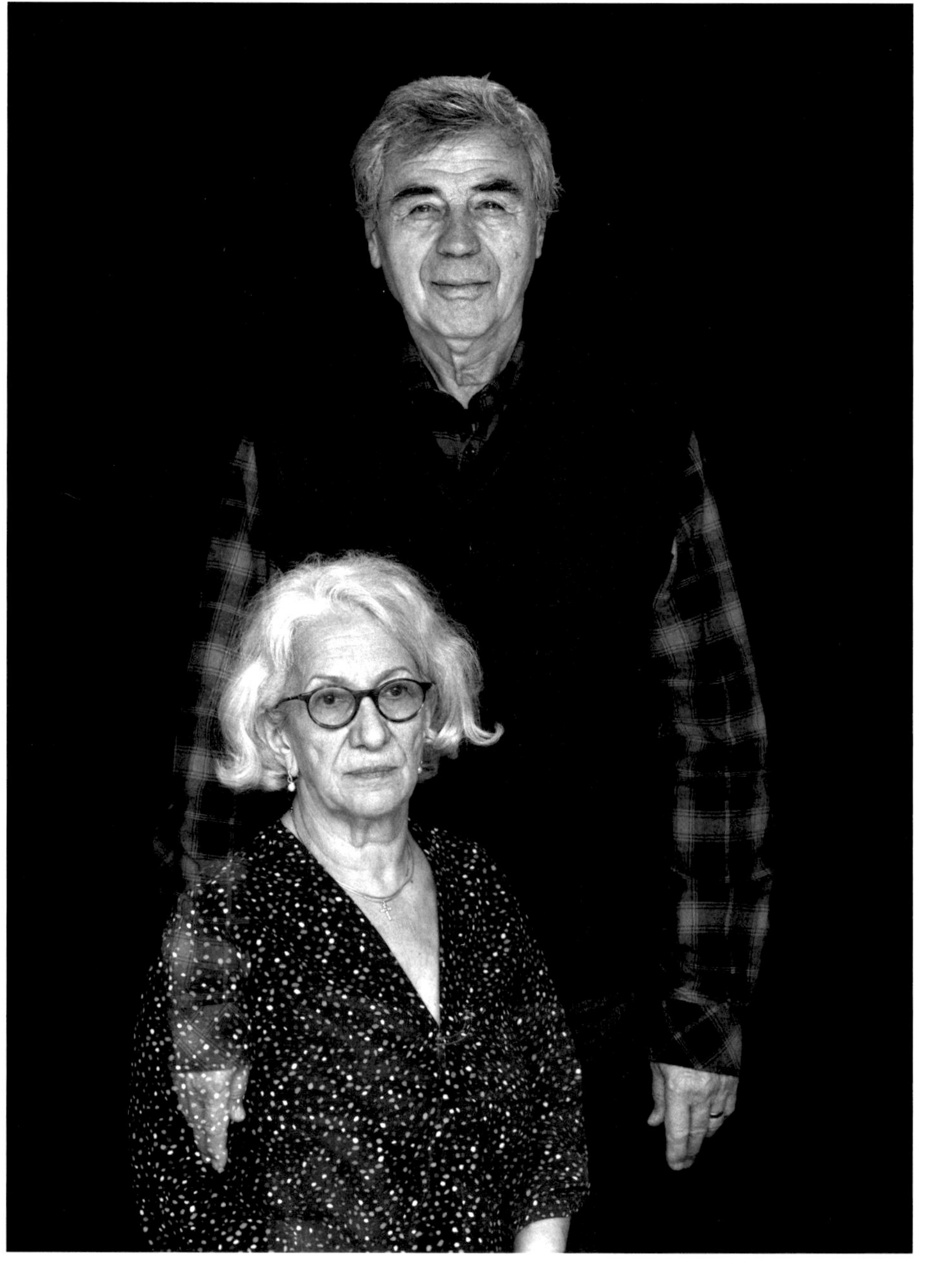

Bleibt, bitte bleibt nicht nur den neuen Mai mit mir.
Legt euch noch einmal unter meinen Blick.
Atmet noch einen Schlag an meiner Seite.
Bergt mich sicher in zarter Geschichte,
denn auch aus meiner geht ihr nicht mehr fort.

Danke, Astrid und Wolfgang, Barbara und Günter, Berthel und Hans, Elfriede und Uli, Elisabeth und Waldemar, Helga und Siegfried, Ilse und Wolfgang, Marie-Luise und Winfried, Monique und Gottfried, Roswit und Helmut, Ruth und Manfred, Suse und Heinz, Waltraud und Siegfried sowie Wilma und Gerhard, für Euren Mut, Eure Offenheit und Herzlichkeit, Eure Backkünste oder Marmeladengläser, um nur manches zu nennen. Alles in allem eine große Bereicherung.

Danke auch Dir, liebe Alke. Deine erneute Einladung hat dies *Immergrün* möglich gemacht. Hast mir das schönste Bett gebucht, köstlichsten Tisch gedeckt und mir in einer Zeit des Stillstands innere und äußere Bewegung geschenkt. Deiner Vision, Deinem Einsatz für Ausstellung, Katalog und Förderung all dieser großen Schritte sowie Deinem zauberhaften Team, darunter Julia Biel, Leonie Fuchs, Elisabeth Meier, Margrit Röder u. a. kann ich nicht genug danken.

Viele fähige feine Menschen sind an solch schönem Vorhaben wie Katalog und Ausstellung beteiligt. Herzlich danke ich: Michael Beier, Lara Faroqhi, Hannah Feldmeier, Jason Harman, Angelika und Markus Hartmann, Birgit Landgraf, Anja Lehmann, Jacqueline Majumder, Wiebke Pinger, Jan Scheffler, Anne Schönharting und Anna Wilkens.

Für *Immergrün* durfte ich die Liebe anschauen und auf Film bannen. Im Alltag bin ich bereichert von Eurer Freundschaft und danke Euch dafür: Angela, Anja, Anne, Beatrice, Cornelia, Jacqueline, Jeff, Jessica, Jörgen, Lara, Michael K., Rebekka, Tanja und Ulrich.

Durch Deine Liebe, Michael, kann ich erst das Altern denken. Danke für Dein schönes großes Ja zu mir und Deine Unterstützung auf so vielen Ebenen.

Und zu guter Letzt danke ich meinen Eltern, Liliana und Vasile, für ihre bedingungslose Liebe und Unterstützung und widme dieses Buch meiner Tochter Alma Maria, die so viel weiß über die Liebe und die mir jeden Tag damit anreichert.

Diese Publikation erscheint anlässlich der Ausstellung

Immergrün

LOREDANA NEMES

15.5.–19.9.2021
Ludwigsburg Museum

Eberhardstr. 1, 71634 Ludwigsburg
Tel. 07141 910-2290, Fax -2605
museum@ludwigsburg.de
www.ludwigsburgmuseum.de

KATALOG

Herausgeber: Alke Hollwedel für das Ludwigsburg Museum und die Stadt Ludwigsburg

Fotografien und Gedichte: Loredana Nemes

Grafische Gestaltung: Hannah Feldmeier

Übersetzung: Michael Beier

Lektorat der Übersetzung: Anna E. Wilkens

Redaktion und Lektorat: Julia Biel, Elisabeth Meier

Bildbearbeitung: Jan Scheffler, Prints Professional

Druck und Bindung: DZA Druckerei zu Altenburg

AUSSTELLUNG

Konzept: Alke Hollwedel, Loredana Nemes

Wissenschaftliche Assistenz: Julia Biel

Ausstellungsgestaltung: Hannah Feldmeier

Sammlung und konservatorische Betreuung: Katrin Bettray, Margrit Röder

Museumstechnik: Katrin Bökle, Uwe Schoch

Aufbau: Technischer Dienst der Stadt Ludwigsburg

Vermittlung und Öffentlichkeitsarbeit: Leonie Fuchs, Elisabeth Meier

Ausstellung und Katalog mit Unterstützung von:

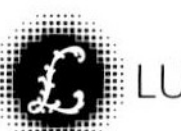

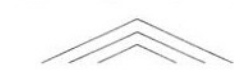

Es erscheint eine Vorzugsausgabe (Buch mit Silbergelatine-Handabzug in Archivmappe) in einer Auflage von 25. Informationen: www.loredananemes.de

Erste Auflage, Mai 2021: 600 Exemplare

Hartmann Books
Breitscheidstr. 48, 70176 Stuttgart
www.hartmann-books.com

Hartmann Books ist der Verlag von Hartmann Projects, ein Unternehmen, das Künstler fördert, Ausstellungen organisiert und kuratiert sowie Bücher verlegt.

ISBN 978-3-96070-063-0
Printed in Germany